Georg Schwikart

Praxisbuch T

Georg Schwikart

Praxisbuch Trauerfeier

Patmos

Für hilfreiche Hinweise zum Thema und kritische Durchsicht des Manuskriptes danke ich Ursula Schairer und Rolf Müller.

Bibliografische Information der Deutschen Nationalbibliothek

Die Deutsche Nationalbibliothek verzeichnet diese Publikation in der Deutschen Nationalbibliografie; detaillierte bibliografische Daten sind im Internet über http://dnb.d-nb.de abrufbar.

Umschlagmotiv: © gettyimages/Steven Weinberg
Umschlaggestaltung: init . Büro für Gestaltung, Bielefeld
Printed in Austria
ISBN 978-3-491-76457-6
www.patmos.de

Inhalt

Musikvorschläge zur Auswahl

Trauerfeier konkret

Rahmenbedingungen

Trauer feiern?
Über die Funktion ritualisierter Trauer

Ein Mensch ist gestorben. Hinter ihm liegt ein Leben, ein langes oder nur kurzes, eines, das voller Belastungen war oder glücklich und frei. Der Verstorbene lässt Menschen zurück: Partner, Kinder, manchmal Eltern, Kollegen, Freunde, Nachbarn. Das Verhältnis zwischen den Zurückbleibenden und dem nun Toten kann voller Liebe gewesen sein, aber auch gespannt und schwierig. Der Tod dieses Menschen kann erschüttern, aber auch erwartet worden sein, ja: eine »Erlösung« darstellen …

Jene, die zurückbleiben, trauern. Sie müssen den Verlust eines Menschen ertragen und werden auch mit ihrer eigenen Sterblichkeit konfrontiert. Der eine trauert heftig, der andere in sich gekehrt. Der eine muss sprechen, der andere schweigt. Der eine sucht die Einsamkeit, der andere Gemeinschaft. Die Trauerfeier aber bringt alle zusammen.

»Trauerfeier« – ist dieser Begriff nicht ein Widerspruch in sich? Die Trauer mag zunächst ausgehalten und irgendwann bewältigt werden, doch kann man sie feiern?

Ein hinkender Vergleich soll die Funktion der Trauerfeier verdeutlichen. Ein Paar heiratet. Es gibt sich auf dem Standesamt oder in der Kirche öffentlich das Ja-Wort. Die folgende Hochzeitsfeier unterliegt Konventionen, auf die Rücksicht genommen wird. Doch das eigentliche Versprechen, beieinander zu bleiben, haben sich die Eheleute ganz woanders gegeben: bei einem Abendessen, einem Spaziergang oder im Bett. – Ebenso ist die Trauerfeier der öffentliche Akt der Verabschiedung eines Verstorbenen. Doch mit der Trauer geht jeder Einzelne seinen eigenen Weg; einen Weg übrigens, der keine Abkürzung kennt.

In letzter Zeit ist die Idee aufgekommen, dieser beschwerliche Weg könne umgangen werden, indem man die Trauer einfach ignoriert. Ausdruck dieser Haltung ist die anonyme Beisetzung ohne Trauerfeier. Man wird über den Tod eines Menschen informiert, und dann ist er einfach weg: Keine Zusammenkunft jener, die ihn liebten und kannten, kein

Grab, kein Trauermahl. Ob aus Scham vor der Begegnung mit dem Tod, oder um aus gut gemeinter Selbstlosigkeit niemanden mit dem Ableben zu belasten – dieser Umgang mit der letzten Schwelle des Lebens versucht, zu verdrängen. Doch was nur verdrängt und nicht verarbeitet wird, kommt irgendwann mit umso größerer Macht wieder an die Oberfläche: die Trauer.

Krisenbewältigung

Der Tod eines Menschen führt seine Angehörigen in eine Krise. Die Trauerfeier ist ein Akt der Krisenbewältigung. In der Trauerfeier wird

- der Tod eines Menschen öffentlich gemacht,
- der Verstorbene gewürdigt,
- der Tote symbolisch aus der Welt der Lebenden in die Welt der Toten überführt,
- Trost für die Zurückbleibenden gespendet,
- im Angesicht des Todes an die Sterblichkeit aller Menschen erinnert und
- die Gemeinschaft der Lebenden gestärkt.

In der Trauerfeier steht der Tote im Mittelpunkt, also jemand, der eigentlich »nicht mehr da« ist. Es gibt so etwas wie eine »Präsenz durch Abwesenheit«. Der Abwesende führt jene zusammen, die in seinem Leben von Bedeutung waren.

Die Trauer feiern, heißt: sie wird nicht verdrängt, sondern festlich begangen. Die Trauer hat ihren Platz im Leben; dem widerspricht nicht, dass glaubende Menschen ihre Hoffnung auf Auferstehung bekunden.

Besonders der Bereich Sterben, Tod und Trauer ist in unserer Kultur von vielerlei Traditionen bestimmt. Traditionen können einengen, wenn sie leer geworden sind. Sie können jedoch auch Halt geben: Man muss nicht von Anfang an überlegen, wie man mit einem Todesfall umzugehen hat, sondern kann auf die Erfahrung anderer und auf bewährte Rituale zurückgreifen.

Dennoch stirbt jeder seinen eigenen Tod. So wächst auch das Bedürfnis, die Trauerfeier individuell zu gestalten: Wird eine 90-jährige Urgroßmutter bestattet, die lebenssatt einschlief, oder ein Schulkind, das von einem Auto überfahren wurde? Trauert man um einen Familienvater, der einem Krebsleiden erlag und Frau und zwei Söhne zurücklässt, oder um eine Jugendliche, die ihrem Leben selbst ein Ende setzte? – Jeder Tod hat seine eigene Geschichte und bedarf seiner eigenen Bewältigung. Jeder Abschied wird in einer eigenen Trauerfeier zelebriert.

Im christlichen Kulturkreis herrschte bis zur Zeit der Aufklärung weithin die Vorstellung, eine rituelle Bestattung sei notwendig, um Anteil am verheißenen Heil zu erlangen. Fehlten bestimmte Akteure, oder wurden die Riten gar nicht, am falschen Ort oder von unbefugten Personen vollzogen, dann geriet die Jenseitshoffnung ins Wanken. Dieses magische Denken ist heute überwunden. Dennoch greifen wir auf Zeremonien zurück, die wir kennen, denn sie geben Sicherheit. Sie müssen allerdings so angepasst werden, dass sie ihrer Funktion gerecht werden: die Trauernden in der Phase des Übergangs zu stützen.

Die Trauerfeier ist letztlich eine Veranstaltung für die Hinterbliebenen, nicht für den Toten. Den Lebenden tut es gut, wenn der Verstorbene geehrt wird, wenn die Rede tröstet, die Musik erbaut und die Handlungen glatt und reibungslos verlaufen – der Tote hat nichts davon.

Weder Therapiestunde noch Gerichtsverhandlung oder Heiligsprechung

Die Trauerfeier richtet sich an die Lebenden. Doch sie sollen während dieser intensiven Stunde weder therapiert noch mit Glaubenswahrheiten bepredigt werden. Sie möchten vielmehr ernst genommen werden in ihrer Situation, die möglicherweise nicht mehr zulässt als ein gemeinsames Aushalten: Bei schrecklichen Todesfällen, die wir als »unnatürlich« empfinden, ist die Trauerfeier nicht die Stunde des Verstehens und Begreifens, sondern erst einmal die des *gemeinsamen* Abschieds. Den *individuellen* Abschied gestaltet jeder für sich.

Wenn der Verstorbene geliebt wurde, ist dieses gemeinsame Abschiednehmen zwar schmerzhaft, aber letztlich leichter, da das Band der Liebe Lebende und Tote noch verbindet: die schönen Erinnerungen bleiben. Wurde der Verstorbene jedoch nicht geliebt und die Trauerfeier wird nur angesetzt, um der Pietät Genüge zu tun, stellen sich schwierige Probleme. Der Friedhof eignet sich nicht für Abrechnungen; allerdings macht Heuchelei die Situation für alle Beteiligten nicht leichter. Hier sind behutsame Kompromisse notwendig, und das sprachliche Geschick des Leiters der Trauerfeier.

Dieses Buch hält praktische Tipps und Beispieltexte für die Trauerfeier bereit. Selbstverständlich sind alle als Vorschläge und Anregungen zu verstehen. Jede Trauerfeier bedarf einer individuellen, ausführlichen Vorbereitung (Rede, Text- und Musikauswahl, ausdeutende Zeichen) und sorgfältigen Gestaltung. Der verstorbene Mensch hat sie verdient, und auch jene, die um ihn trauern.

Die Trauer *kann* man nicht nur feiern, man *muss* es tun, damit ihre Macht gebändigt werden kann.

Formen der Trauerfeier

Erdbestattung oder Verbrennung

Es ist Sache der Angehörigen, zu entscheiden, ob der Leichnam des Verstorbenen beerdigt oder kremiert wird. Die Vorbehalte der christlichen Kirchen gegen die Verbrennung sind mittlerweile überwunden. Auf die verschiedenen Formen der Trauerfeier hat es nur begrenzten Einfluss, ob ein Sarg oder eine Urne beigesetzt wird. Der psychologische Aspekt sollte aber nicht unterschätzt werden: Im Sarg liegt der Verstorbene, von dem die Trauergemeinde Abschied nimmt. In der Urne befindet sich nicht mehr dieser Mensch, den man kannte, sondern »nur noch« seine Asche. Für die einen ist diese Vorstellung sehr abstrakt und erschwert eine emotionale Bewältigung der Trauersituation. Für die anderen fällt es leichter, »nur noch« eine Urne loszulassen und nicht einen Leichnam in die Erde geben zu müssen.

Eine, zwei oder drei »Stationen«

Je nach Bestattungsart, Ort der Trauerfeier und lokalem Brauch sind verschiedene Formen möglich. Bei der traditionellen (und meist bei kirch-

lichen Trauerfeiern praktizierte) Form schließt sich an eine Trauerfeier in der Friedhofskapelle oder Kirche ein Zug zum Grab an; dort wird der Sarg oder die Urne bestattet. Mancherorts wird diese Reihenfolge umgekehrt: an die Beisetzung auf dem Friedhof schließt sich die Trauerfeier in der Kapelle oder Kirche an.
Kirchliche Begräbnisriten können auch aus drei Stationen bestehen: Gottesdienst in der Kirche, kleine Trauerfeier in der Friedhofskapelle, Prozession zum Grab, dort Beisetzung. Auch diese Reihenfolge kann umgestellt werden, beispielsweise kann der Gottesdienst am Abend oder an einem anderen Tag stattfinden.
Möglich ist – kirchlich oder weltlich – auch eine Trauerfeier direkt am Grab, dann entfällt der Zug von der Kapelle zum Grab. Abzuklären ist, an welcher Stelle im Ablauf Sarg oder Urne beigesetzt werden.

Urnenbestattungen

Soll der Leichnam kremiert werden, findet häufig zuvor eine Trauerfeier mit dem Sarg statt. Bei dieser Form kann die Trauergemeinde eingeladen werden, am Ende der Feier zum Sarg vorzutreten und dort Abschied zu nehmen, beispielsweise durch eine Verneigung, Auflegen einer Blume oder Aufstellen eines Teelichts.
Bei der Trauerfeier vor einer Kremierung kann der Sarg in einer kurzen Prozession zum Leichenwagen gebracht werden, der vor der Kapelle bereit steht. Unter den Augen der Trauergemeinde fährt der Wagen dann mit dem Sarg davon.
Bei einer Feier direkt im Krematorium wird mancherorts der Sarg zum Schluss vor den Augen der Trauernden zur Kremierung versenkt.
Der Termin für die Urnenbeisetzung kann in der Regel erst nach erfolgter Einäscherung festgelegt werden. Die Wartezeiten in den Krematorien sind sehr unterschiedlich; in manchen dauert es bis zu vier Wochen bis zur Verbrennung, in anderen geht es vom einen auf den anderen Tag.
Die Asche wird dann in einer Urne bestattet: in einem Erdgrab, einer Gruft, oder, sofern auf dem Friedhof vorhanden, oberirdisch in einem Kolumbarium (lat.: »Taubenschlag«), einer Urnengalerie. Jede Urne wird darin in einem Wandfach aufgestellt, das durch eine individuelle Grabplatte verschlossen wird (abhängig von der örtlichen Friedhofsordnung).

Möglich ist auch die Seebestattung einer Urne, die dann jedoch speziellen Anforderungen entsprechen muss.

Besondere Bestattungsformen: Wald, See, Luft

Bei einer Bestattung der Urne im Bestattungswald kann die Trauerfeier auch vor Ort stattfinden. Zu bedenken ist neben der Witterung, dass dort keine Möglichkeit zum Niedersetzen vorhanden ist und die ganze Zeit gestanden werden muss. Die Seebestattung einer Urne findet mit oder ohne Angehörige statt. Vor der Versenkung der Urne außerhalb der Drei-Meilen-Zone kann ein Grußwort gesprochen werden; Blumen und Kränze können dabei dem Wasser übergeben werden. Auf besonderen Wunsch wird die Urne nicht mit dem Schiff, sondern per Hubschrauber zum Versenken aufs Meer gebracht; auch daran können Angehörige teilnehmen; eine Feier an Bord scheint unter diesen Umständen jedoch schwierig zu sein.
In manchen Bundesländern oder auch einigen Staaten des europäischen Auslands ist es möglich, die Asche Verstorbener von Hand auf einem Streufeld oder durch einen Heißluftballon über Wald und Wiesen zu verstreuen. Diese spezielle Form der Beisetzung ist, wie auch alle anderen, nach deutschem Recht zu dokumentieren.
Besondere Voraussetzungen gelten für verstorbene Angehörige nichtchristlicher Religionsgemeinschaften. Wenn also beispielsweise ein Muslim, Jude, Hindu, Buddhist oder Sikh zu bestatten ist, sind die dafür notwendigen Bedingungen (Personen, Räume, Zeiten etc.) abzuklären. So ist der Leichnam eines Muslims rituellen Waschungen zu unterziehen, für die nicht jeder Friedhof die notwendigen Einrichtungen besitzt.
Und wenn gar nichts bestattet werden kann, was dann? – Wenn, beispielsweise nach einem Unfall oder einer Katastrophe, der Leichnam des Verstorbenen nicht geborgen werden konnte, oder wenn er im Ausland beigesetzt wird, dann können sich die Trauernden in einer Kirche, einer Friedhofskapelle, zu Hause oder an einer Stätte seines Wirkens zu einer Gedenkfeier versammeln. Dabei können Zeichen des Abschieds, wie Blumen, Kerzen oder eine Kinderzeichnung, an einem Porträt des Verstorbenen abgelegt werden.

Der Ort der Trauerfeier

Schauplatz der Trauerfeier mit Sarg oder Urne ist in der Regel die Friedhofskapelle, kann aber auch eine Kirche sein oder direkt vor dem offenen Grab. Besonderheiten gelten für eine Waldbeisetzung oder eine Seebestattung vom Schiff aus.
Eine Trauerfeier ist auch ohne Sarg oder Urne denkbar, wenn die Beisetzung bereits stattgefunden hat oder an einem anderen Ort stattfindet. Schließlich gibt es auch Todesfälle, bei denen keine sterblichen Überreste des Verstorbenen geborgen werden konnten. Eine solche Feier kann prinzipiell überall stattfinden: im Wohnzimmer, im Garten, in einer Schulaula, im Gemeindehaus, in der Firma oder Praxis; an einem Ort, zu dem der Verstorbene eine Beziehung hatte, oder wo er tätig war.
Der Ort der Trauerfeier kann folgendermaßen gestaltet werden:

- Die Beleuchtung im Raum darf nicht zu grell sein.
- Traditionell schmücken Blumen und Kerzen den Ort der Trauerfeier. Die Blumen organisiert in der Regel der Bestatter im Auftrag der Hinterbliebenen. Kerzen stehen entweder in der Friedhofskapelle zur Verfügung, oder müssen vom Bestatter mitgebracht werden. Bei öffentlichen Gebäuden (z. B. Schulaula) sind feuerpolizeiliche Bestimmungen zu beachten.
- Sarg oder Urne können beispielsweise mit Teelichtern umstellt oder mit Rosenblättern verziert werden.
- Räucherstäbchen oder Duftöllampen verbreiten ein starkes Aroma, können aber gesundheitliche Beschwerden verursachen (Atemnot, Kopfschmerzen, Übelkeit); daher zurückhaltend dosieren.
- Ein großes Foto des Verstorbenen im Rahmen kann neben Sarg oder Urne aufgestellt werden.
- Möglich sind auch Symbole aus dem Leben des Verstorbenen: z. B. ein Sportgerät, ein Musikinstrument, ein selbstgeschaffenes Kunstwerk.
- Kinder oder Enkel können ein Bild malen, das aufgestellt wird.
- Bei verstorbenen Soldaten kann eine Fahne über dem Sarg liegen, die vor der Beisetzung abgenommen wird.
- Bei Trägern von Orden und Ehrenzeichen können diese ausgestellt werden.
- Bei der Trauerfeier direkt am Grab sind Stühle für jene Personen bereitzuhalten, die schlecht stehen können.

- Im privaten Raum ist dafür zu sorgen, dass keine Störung von außen eintritt: Haustürklingel, Telefon.

Die Akteure der Trauerfeier

Trauergemeinde

Zwar liegt die Hauptlast einer gelungenen Trauerfeier bei den »Profis«, die sich um den Ablauf kümmern, reden, musizieren usw., und doch steht die Trauergemeinde im Mittelpunkt: Sie nimmt Abschied von einem Verstorbenen. Die Feier muss auf die Angehörigen »zugeschnitten« sein. Durch Singen, Beten, das Setzen von Zeichen (etwa, indem Blumen ins Grab gegeben werden), vielleicht durch ein Grußwort oder durch Musizieren gestaltet die Trauergemeinde die Feier mit.

Friedhofsangestellte

Ob die Friedhöfe mit Wärtern besetzt sind, regeln die Kommunen unterschiedlich. Wenn ja, sind sie für den äußeren Rahmen der Trauerfeier zuständig: Aufsperren von Kapelle, Umkleideraum und Toiletten, Anschalten von Licht, Heizung und Lautsprecheranlage, Betätigung von Glockengeläut. Der Friedhofsangestellte geht bei der Prozession zum Grab voraus und weist dem Trauerzug den Weg.

Bestatter

Beim Bestatter laufen alle Fäden zusammen: In Absprache mit den Angehörigen, der Verwaltung, dem Leiter der Feier und den Musikern setzt er den Termin für die Trauerfeier fest. Gibt es auf dem Friedhof keinen Wärter, fallen dessen Aufgaben dem Bestatter zu. Außerdem schmückt er die Trauerhalle und den Sarg bzw. die Urne mit Blumen und Kerzen, und weist den Leiter der Trauerfeier zum Umkleideraum.

Der Bestatter begrüßt die ankommenden Trauergäste. Mitgebrachte Gestecke oder Kränze arrangiert er vor dem Sarg oder der Urne. Auch nimmt er Beileidsbriefe entgegen und bewahrt sie für die Angehörigen auf. Er kann die Trauergäste bitten, sich in ein Kondolenzbuch einzutragen.
Der Bestatter schließt zu Beginn der Trauerfeier die Türen der Kapelle, und öffnet sie zum Ende wieder. Bei Bedarf bedient er den CD-Player.
Den Trägern gibt er Anweisungen, wann es Zeit ist, Sarg oder Urne zu geleiten, und überwacht eine reibungslose Beisetzung. Er reicht dem Leiter die Schaufel für den Erdwurf und bietet den Angehörigen Blumen, Zweige oder Erde an, um sie ins Grab zu geben.
Der Bestatter kümmert sich auch darum, dass Redner, Musiker und Träger nach der Beisetzung ihr Honorar erhalten. In der Regel streckt er es vor und setzt es den Angehörigen auf die Rechnung. Die Übergabe erfolgt auf dem Friedhof diskret in bar, gegen Quittung.

Leiter der Trauerfeier

Nach einem Vorgespräch mit den Angehörigen hat der Leiter eine Trauerrede vorbereitet. Er ist auch bei der Auswahl der Musik behilflich. Während der Trauerfeier fungiert er als Zeremonienmeister: Er bestimmt den Beginn und das Ende der Feier, signalisiert der Trauergemeinde, wann sie zu stehen oder zu sitzen hat, moderiert andere Sprecher an, und gibt Anweisungen für die Musik.
Er führt in das Schweigen ein und beendet es, und stimmt die Gebete an. Bei der Prozession geht er dem Sarg oder der Urne voraus und stellt sich neben das offene Grab. Er vollzieht den Erdwurf.

Sprecher

Wenn Angehörige, Kollegen, Vereinskameraden Grußworte oder Nachrufe sprechen wollen, sollten sie sich vor Beginn der Feier mit dem Leiter abstimmen; er wird sie anmoderieren. Eine solche Rede sollte drei Minuten nicht überschreiten. Sie sollte ihren Platz innerhalb der Feier haben, nicht nur als bloßes Anhängsel, wenn der offizielle Teil vorbei ist.

Musiker

Ob Organist, Ensemble oder Solist: vor Beginn der Feier sprechen die Musiker mit dem Leiter ihren Einsatz ab. Entweder orientieren sie sich an Marken, z. B. »nach dem Vaterunser«, »nach dem Schweigen«, oder der Leiter gibt eindeutige Zeichen oder spricht eine Ansage: »Nun singen/hören wir …«. Ein schriftlicher Ablaufplan der Trauerfeier ist sinnvoll.

Sarg- bzw. Urnenträger

Unterschiedlich wird gehandhabt, wer Sarg oder Urne zum Grab bringt: Es können kommunale Angestellte oder Honorarkräfte sein, die der Bestatter organisiert. Selbstverständlich können – nach einer gewissen Einweisung – auch die Angehörigen Sarg oder Urne zum Grab geleiten. Dieses »Hand anlegen« kann guttun. Besteht die Gefahr, dass das Absenken Schwierigkeiten mit sich bringt, kann am Grab der Sarg oder die Urne wieder in die Hände der »Profis« übergeben werden.

Der Verstorbene

Die Hauptperson ist eigentlich keine »Person« mehr: um einen Toten versammeln sich die Lebenden, um einen, der ihnen wichtig war und in Erinnerung bleiben wird. Der Verstorbene profitiert nicht von einer schön gestalteten Trauerfeier, zu der alle Akteure das Beste beitragen. Aber der Umgang einer Gesellschaft mit ihren Toten zeigt, wie sie zum Wesen des Menschen eingestellt ist. Ein achtungsvoller Umgang mit dem Tod ist ein Gradmesser der Kultur.

Inhaltliche Vorbereitung

Die Leitung der Trauerfeier

An der Gestaltung der Trauerfeier sind viele beteiligt: die Trauergemeinde selbst, vielleicht auch Musiker, oder jemand, der etwas vorträgt. Immer wird der Bestatter dabei sein, manchmal auch Friedhofsangestellte. Aber nur eine Person kann der Trauerfeier »vorstehen«: die Leiterin oder der Leiter. Das kann ein kirchlicher Amtsträger sein (Pfarrer, Vikar, Diakon, Prädikant, Beauftragter), ein Trauerredner oder jemand aus dem Familien- bzw. Bekanntenkreis des Verstorbenen.
Bei jenen, die professionell mit Trauerfeiern zu tun haben, kann man davon ausgehen, dass sie der Aufgabe, sie zu leiten, gewachsen sind. Alle anderen müssen sich selbstkritisch fragen, ob sie dieser Anspannung standhalten können. Die Leiterin oder der Leiter der Trauerfeier wird zur öffentlichen Person. Alles, was sie oder er tut, geschieht unter den Augen und Ohren des »Publikums«. Die »Leute vom Fach« müssen vermeiden, dass ihre Souveränität den Eindruck professioneller Routine erweckt.

Viele praktische Fragen sind zu klären

Der Leiter macht sich vor der Trauerfeier mit den Gegebenheiten des Ortes vertraut: Gibt es Stufen, auf die man achten muss? Wo steht das Lesepult? Liegen Kranzschleifen vor dem Sarg oder der Urne, sodass kaum Platz zum Stehen bleibt? Er entscheidet, ob er die ganze Zeit stehen oder sich zwischendurch hinsetzen möchte; dann muss ein Platz für ihn vorgesehen sein, vielleicht an der Seite des Raums oder am Ende der ersten Sitzreihe. Bei einer Prozession zum Grab muss der Leiter den Weg kennen, wenn nicht jemand anders vorausgeht.
Alle Absprachen, die zu treffen sind, müssen vor der Feier erledigt sein. Mit den Musikern und Sargträgern ist der Ablauf zu besprechen. Vor Beginn der Trauerfeier ist beim Mikrofon die Höhe einzustellen und

eine Lautstärke-Probe durchzuführen. Wird ohne Mikrofon gesprochen, muss der Leiter im Verlauf der Feier abschätzen, ob seine Stimme trägt; vielleicht kann der hinten stehende Bestatter durch ein diskretes Zeichen angeben, ob der Leiter überall zu hören ist.

Das Verhalten der Situation anpassen

Ohne Umwege geht der Leiter zu Beginn der Feier bzw. beim Schluss des einleitenden Musikstücks an seinen Platz. Er darf nicht so stehen, dass er den Blick auf den Sarg oder die Urne verdeckt. Während der Feier bemüht er sich um ein natürliches Verhalten, bei allem, was er tut: Ob er sich setzt, aufsteht, geht, sich dreht oder sich vor Sarg oder Urne verneigt, es geschieht ruhig, ohne Eile und Theatralik. Er vermeidet, zwei Dinge gleichzeitig zu tun: Im Gehen ein Buch aufzuschlagen, während des Singens ein Manuskript zu entfalten … Beim Sitzen schlägt er nicht die Beine übereinander.

Auch der erfahrene Leiter sollte ein Manuskript mitnehmen; man weiß nie, was einen aus der Fassung bringen könnte. Eine Textvorlage, auch wenn man sie nicht braucht, gibt Sicherheit. Beim Sprechen sind Gestik und Mimik sparsam einzusetzen. Der Leiter sucht den Blickkontakt zur Trauergemeinde, vor allem zu den nahen Angehörigen. Er lässt beim Sprechen genügend Pausen.

Sind Ansagen zu machen, werden sie nicht als Kommandos gegeben, sondern freundlich und eindeutig: Bitte erheben Sie sich jetzt. Bitte nehmen Sie Platz. Wenn Sie möchten, können Sie nun nach vorn zum Sarg treten, aus dieser Schale auf der rechten Seite (immer von der Gemeinde aus gesehen) eine Rose nehmen, und sie auf den Sarg legen.

Lieder werden mit Nummer und Titel angesagt. Also nicht: Wir singen Nummer 258. Sondern: Wir singen das Lied »Lobe den Herren, den mächtigen König der Ehren«, im Gotteslob unter Nummer 258. – Wird gesungen, singt der Leiter mit.

Wenn etwas schiefläuft, was der Leiter selbst zu verantworten hat (Versprecher, Hustenanfall, Buch fällt zu Boden, er stolpert) – am besten stillschweigend fortfahren. Bei Störungen, auf die der Leiter keinen Einfluss hat, muss er schnell bestimmen, was zu tun ist: ein Handy klingelt und der Angerufene nimmt an; der CD-Player streikt und wiederholt immer wie-

der den Anfang des Liedes; ein Kleinkind lärmt oder läuft herum, und niemand kümmert sich darum; ein Trauernder schreit seine Traurigkeit heraus – hier muss aus der Situation heraus entschieden werden, ob Innehalten und Abwarten oder Fortfahren das Richtige ist.
Spontane Änderungen können sich bei unvorhergesehenen Zwischenfällen ergeben: Fällt jemand in Ohnmacht, sollte der Leiter unterbrechen und Hilfe organisieren: Ist ein Arzt im Raum; kann bitte jemand helfen? Erst wenn die Aufmerksamkeit halbwegs wiederhergestellt ist, geht es im Ablauf weiter. Bei hereinbrechenden Gewittern verzögert der Leiter vielleicht den Zug von der Kapelle zum Grab (es kann solange Musik gespielt werden), oder er verkürzt die Zeremonie, wenn am Grab der Regen einsetzt.

Das Vorgespräch

Zur Vorbereitung treffen sich der Leiter der Trauerfeier und die Angehörigen des Verstorbenen zu einem Gespräch. Der Leiter notiert sich dabei für seine Rede wissenswerte Informationen und erklärt den Ablauf der Feier. Vor allem wird er ein Zuhörer sein: für die Angehörigen ist es wichtig, von ihrem Verstorbenen sprechen zu können. Der Leiter fordert sie zu Beginn des Gesprächs auf, von den Umständen des Todesfalles zu erzählen.
Im Vorgespräch werden möglicherweise auch »Tabus« zu Wort kommen (geschiedene Ehen, Streit in der Familie): der Leiter unterliegt der Schweigepflicht und geht mit allem, was ihm anvertraut wurde, sorgsam um.
Das Vorgespräch dauert etwa eine Stunde. Natürlich wird neben der Absprache der praktischen Dinge Trost und Zuspruch eine Rolle spielen. Doch auch die Besprechung der konkreten Fragen gibt den Angehörigen Sicherheit.
Das Vorgespräch findet nicht am Todestag selbst und auch nicht am Tag der Trauerfeier statt. Dazu besucht der Leiter die Angehörigen zu Hause; in Ausnahmefällen muss ein Telefongespräch genügen.

Vielleicht verfassen die Angehörigen einen Lebenslauf. Den kann der Leiter während des Vorgesprächs laut lesen, um sich Klarheit zu verschaffen oder Fragen zu stellen.

Der Leiter notiert Daten und Fakten:

- Herkunftsfamilie des Verstorbenen
- Geburtstag und -ort
- Schul- und Ausbildung
- Besondere Umstände: Krieg, Flucht, Vertreibung, Behinderung
- Partner; Hochzeit mit Jahr, Ehejubiläen
- Kinder (Namen und Geburtsjahr), Enkel
- Berufstätigkeiten
- Auszeichnungen
- Persönliche Neigungen, Hobbys
- Hervorstechende Charaktereigenschaften
- Das Sterben: Datum, Ort, Umstände
- Was soll unbedingt und was auf gar keinen Fall erwähnt werden?
- Wer ist zur Trauerfeier eingeladen, nur der enge Familienkreis, oder auch Freunde, Nachbarn, Kollegen, die ganze Gemeinde?
- Werden Kinder an der Trauerfeier teilnehmen? Was ist dafür zu beachten?
- Welche Art von Trauerfeier wird stattfinden? In der Kirche oder in der Friedhofskapelle, in einem Abschiedsraum des Bestattungsinstitutes oder direkt am Grab? Der Leiter erklärt den Angehörigen den Ablauf der Feier.
- Sarg- oder Urnenbestattung?
- Werden bei einer nichtkirchlichen Trauerfeier religiöse Elemente (Vaterunser, Gebet, Bibelvers) gewünscht?
- Möchten sich die Angehörigen an der Gestaltung der Feier beteiligen? Einen Text vortragen, musizieren, etwas aufführen (z. B. Tanz, Pantomime), den Sarg oder die Urne zum Grab tragen?
- Spricht jemand aus der Trauergemeinde (Arbeitgeber, Vereinsmitglied) einen Nachruf oder ein Grußwort?
- Welche Art von Musik soll gespielt werden? Wer wählt sie aus? Wer spielt sie (Musiker oder Tonträger)? Wer kümmert sich um die Organisation?

Wenn am Vorgespräch mehrere Angehörige teilnehmen, kann es bei manchen Entscheidungen zu Meinungsverschiedenheiten kommen. Der Leiter hält sich aus diesen Konflikten heraus. Zu bestimmen hat der nächste Angehörige.

Die Trauerrede

Die Trauerrede würdigt das Leben des Verstorbenen und tröstet die Hinterbliebenen. Dabei muss nicht alles gesagt werden, was gesagt werden könnte. Nicht eine exakte und ausführliche Personenbeschreibung ist gefragt, sondern Worte, die das Abschiednehmen erleichtern.
Die Rede berücksichtigt den gesellschaftlichen Hintergrund der Trauergemeinde, etwa, ob auf religiöse »Sinnbilder« zurückgegriffen werden kann oder nicht. Der Stil der Rede setzt sich von der Alltagssprache ab, ist aber dennoch nicht abgehoben und aufgesetzt. Der Redner muss »echt« bleiben.
Eine Rede ist nichts Geschriebenes: Was bei der Rede gesagt wird, muss beim einmaligen Hören eingängig sein. Deswegen einfach und klar formulieren, keine zu langen oder gestelzten Sätze.
Die Rede nimmt Bezug auf die Umstände des Todesfalles: Tod eines alten oder jungen Menschen, ersehnter oder überraschender Tod, milder oder grausamer Tod, Tod durch Unfall, nach langer Krankheit oder Suizid.
Bei der Biografie des Verstorbenen sind beim Geburts- und Todestag die genauen Daten anzugeben; bei Hochzeit, Geburten der Kinder, Umzügen und Ausscheiden aus dem Arbeitsleben genügt die Jahreszahl.
Salbungsvolle Huldigungen sind ebenso zu vermeiden wie Abrechnungen für Fehlverhalten – in Trauerfeiern sind sie fehl am Platz.
Das Sprechen vom Tod ist von Formeln geprägt; der Redner prüft, welche er akzeptiert, welche er meidet oder welche er vielleicht mit neuem Leben füllt. Wichtig ist: den Tod beim Namen zu nennen, nicht nur »von uns gegangen« oder »eingeschlafen« zu sagen.
Der Tote wird nicht direkt angesprochen, denn er ist tot.
Der Redner erweckt nicht den Eindruck von Vertrautheit zum Toten, wenn sie nicht bestand (»unser Freund«).
Elemente der Rede sind:

- Erinnerung an den Verstorbenen
- Eckpunkte seines Lebens
- Ausdruck der Trauer über den Verlust
- Trost für jene, die zurückbleiben
- Eventuell Gebet und Segen.

In die Rede können Texte von Autoren integriert werden: Zitate, Gedichte, Bibelworte, Gedanken von Philosophen, kleine Sinn-Geschichten. Die Rede selbst dauert etwa 15 bis 20 Minuten.
Der praktische Ablauf der Feier ist im Manuskript, in dem die Trauerrede steht, verzeichnet: Musik, Schweigen, Prozession zum Grab, Beisetzung, Gebet.

Der Ablauf der Trauerfeier

Die kirchlichen Liturgien folgen einem vorgeschriebenen Ablauf; dieser kann den Beteiligten in seiner Bekanntheit und Verlässlichkeit Halt bieten. Außerdem sichert er die Einheit der Kirche. Durch die Entfremdung vieler Kirchenmitglieder scheint es jedoch angebracht zu sein, das offizielle Ritual der jeweiligen Trauergemeinde anzupassen, d. h. es eventuell zu vereinfachen, zu kürzen und sprachliche Barrieren zu umgehen.
Alle anderen (nicht-kirchlichen) Trauerfeiern sind frei gestaltbar, jedoch hat es sich als hilfreich erwiesen, im Ablauf bestimmte inhaltliche Schritte einzuhalten. Im Folgenden ein Vorschlag:

Ankommen

Der Sarg oder die Urne steht an ihrem Platz in der Friedhofskapelle. Die Trauernden nehmen Platz. Es kann leise Musik gespielt werden.

Musik

Die Einstimmung durch Musik lässt die Trauergemeinde in der Anspannung der Situation zur Ruhe kommen. Zum Ende der Musik geht der Leiter vor, verneigt sich vor Sarg oder Urne und wendet sich der Trauergemeinde zu.

Vergegenwärtigung: Der Tod in unserer Mitte

Mit dem Tod konfrontiert zu sein, ist nicht alltäglich. Die Trauergemeinde ist aufnahmebereit für den Ernst der Stunde. Ein Text aus der Bibel, aus Weisheitsschriften oder der Literatur kann einführen.

Begrüßung

Der Leiter heißt die Trauergemeinde willkommen: Zunächst die Angehörigen in der Reihenfolge der Nähe zum Verstorbenen, dann eventuell anwesende Honoratioren, dann Freunde, Kollegen, Nachbarn.

Klage über den Verlust des Verstorbenen

Der Name des Toten wird genannt, sein Sterbetag und vielleicht die Todesursache: Nicht irgendein Tod ist zu betrauern, sondern ein ganz bestimmter, der mit den Trauernden etwas zu tun hat.

Würdigung des Verstorbenen

Die Trauerrede ehrt die Lebensleistung des Verstorbenen, nennt Geburtstag und -ort, schulischen und beruflichen Werdegang, die familiären Verhältnisse (Ehe, Kinder, Enkel), Hobbys, Neigungen, Charaktereigenschaften.

Nachruf

Hier können auch andere zu Wort kommen, die über den Verstorbenen Gutes sagen möchten: Familienangehörige, Kollegen, Vereinskameraden. Sie werden vom Leiter der Trauerfeier anmoderiert.

Schweigen

Stilles Gedenken an den Verstorbenen. Der Leiter führt in dieses Schweigen mit geeigneten Worten ein.

Musik

Die Trauernden können ihren Gedanken nachhängen und das bisher Gehörte bedenken.

Blick ins Leben

Ohne den Schmerz des Verlustes geringer machen zu wollen, gibt es Trost für die Zurückbleibenden. Sie werden ermutigt, mit dem Verlust leben zu lernen.

Verabschiedung

Die Feier ist nur ein Schritt auf dem Weg der Bewältigung der Trauer, aber ein entscheidender. Die Zurückbleibenden werden aufgefordert, den Verstorbenen loszulassen. Das ist freilich ein Prozess, der viel länger dauert.

Ehrung

Zum Ende der Feier fordert der Leiter die Trauergemeinde auf, sich für den Verstorben zu erheben.

Musik

Zum Abschluss der Feier erklingt noch einmal Musik, während der Trauerzug sich formiert.

Prozession zum Grab

Wird der Sarg oder die Urne im Rahmen der Trauerfeier beigesetzt, sieht die Reihenfolge des Trauerzugs folgendermaßen aus: der Bestatter oder ein Friedhofsangestellter geht voran, es folgen der Leiter, die Träger mit Sarg oder Urne, die nächsten Angehörigen, die Trauergemeinde.

Beisetzung

Am Grab angelangt, wird der Sarg oder die Urne abgelassen. Wenn möglich, wird damit gewartet, bis alle Trauernden am Grab angekommen sind.

Ankündigung der Sterblichkeit

Der Leiter mahnt, die Endlichkeit des Lebens nicht aus den Augen zu verlieren; im Angesicht des Todes relativiert sich doch einiges, was im Alltag so wichtig erscheint.

Vaterunser

Wenn gewünscht, wird an dieser Stelle jenes Gebet gesprochen, das den größten Bekanntheitsgrad hat. Der Leiter lädt ein, es mitzubeten, und spricht laut vor.

Schlusswort

Ein Segen für die Zurückbleibenden bzw. ein hoffnungsvolles Dichterwort schließt die Feier ab und entlässt die Trauergemeinde zurück in den Bereich des Lebens.

Erdwurf

Der Leiter gibt eine Schaufel Sand ins Grab: Symbol für die Vergänglichkeit des Lebens und ein zeichenhaftes Schließen des Grabes. Die Toten sind unter der Erde, die Lebenden darauf. Nun beginnt ein neuer Lebensabschnitt. Anschließend tritt die Trauergemeinde ans Grab und wirft Erde, Blumen oder Zweige hinein.

Beileidsbekundung

Die Trauergemeinde kondoliert den nahen Angehörigen. Manchen ist das unangenehm, und sie bitten, davon Abstand zu nehmen. Doch diese Beileidsbekundung gibt jenen, die den Verstorbenen kannten, aber nicht zur Familie gehörten, die Gelegenheit, ihrer Trauer Ausdruck zu verleihen. Natürlich steht es den Angehörigen frei, nicht neben dem Grab stehen zu bleiben; dadurch signalisieren sie, dass sie keine Hände schütteln wollen.

Trauermahl

Das an die offizielle Trauerfeier anschließende Trauermahl hat praktische und psychologische Effekte: Gäste mit langer Anreise können sich stärken. Hat es geregnet oder war es kalt, wärmt sich die Trauergemeinde auf. Alle aber holen sich durch Essen, Trinken und Erzählen in die Gemeinschaft der Lebenden zurück und werden damit den Geschmack des Todes wieder los.

Gottes- und Jenseitsglaube

Religion und Trauerfeier

Wenn ein Mensch gestorben ist, existiert er weiter in der Erinnerung seiner Angehörigen. Dieses Weiterleben ist ein innerweltliches; nach drei Generationen wird das Andenken in der Regel erloschen sein, weil kein Lebender mehr den Verstorbenen kennt. Die Religion hingegen sagt aus: Im Menschen gibt es etwas, das über den Tod hinaus besteht und in anderer Art weiterexistiert, die Seele.

Dem Jenseitsglauben und der Frage nach Gott können angesichts des Todes neue Bedeutung und Aktualität zukommen. Der Tod ist der Ernstfall des Glaubens. Religion bietet durch die Hoffnung auf Auferstehung ein großes Tröstungspotential. Bei dramatischen Todesfällen kann der Glaube aber auch besonderen Prüfungen ausgesetzt sein, weil das Bild eines »lieben« Gottes ins Wanken gerät, dadurch, dass er gerade diesen Tod zuließ.

Die Trauerfeier wird kaum der richtige Ort sein, die alte theologische Frage zu diskutieren, warum Gott das Leiden der Menschen zulässt. Die sogenannte »Theodizee-Problematik« (wie kann Gott gerechtfertigt werden angesichts einer leidvollen Welt?) drängt sich aber manchmal förmlich auf. Der Leiter der Trauerfeier sollte behutsam damit umgehen, Festlegungen – die kaum möglich sind – vermeiden, wohl aber jene Fragen formulieren, die unausgesprochen im Raum stehen. Es scheint möglich, ohne Antworten zu leben, nicht aber, ohne Fragen zu stellen. Auf jeden Fall sollte der Leiter authentisch sein, also nur das sagen, woran er wirklich glaubt. Und das aufrichtige Bekenntnis, selbst nicht zu wissen, warum die Dinge so sind, wie sie sind, wird erfahrungsgemäß von der Trauergemeinde anerkannt.

Manche Angehörigen wünschen ausdrücklich eine religiöse Trauerfeier. Andere bestimmen, dass keinerlei religiöse Elemente vorkommen dürfen. Eine dritte und mittlerweile größte Gruppe ist religiös entfremdet, aber nicht atheistisch eingestellt.

Wenn die religiöse Einstellung des Verstorbenen stark von jener der

Hinterbliebenen abweicht, kann es zu Konflikten kommen, und Kompromisse sind gefragt. Letztlich entscheiden die Hinterbliebenen. Das ist beim Vorgespräch zwischen Leiter und Angehörigen zu klären.
Wird eine kirchliche Feier gewünscht, entscheiden sich die Angehörigen für eine religiöse Deutung und Tröstung im Trauerfall. Wer eine solche Trauerfeier leitet, möge bedenken, dass sich nicht nur aktive Kirchgänger in der Trauergemeinde befinden, sondern auch solche, die der kirchlichen Sprache und Symbolwelt entwöhnt sind (bzw. ihrer aufgrund anderer Sozialisation nie mächtig waren). Hier ist »barrierefrei« zu sprechen, nicht formelhaft. Das gilt auch für eine konfessionell verengte Gottesdienstgestaltung, die beispielsweise nur Lieder und Gebete berücksichtigt, die man als Katholik oder Protestant kennt; hier stehen ja genügend Lieder und Gebete zur Verfügung, die in beiden Konfessionen geschätzt werden.
Wird ausdrücklich eine Feier ohne religiöse Elemente verlangt, dann darf der Leiter keine metaphysische Debatte in seiner Rede entzünden, oder eindeutig religiöses Liedgut spielen lassen.
Bei jenen, die der Institution Kirche den Rücken gekehrt haben, für religiöse Impulse aber offen sind, bieten sich niedrigschwellige Elemente an: Ein bekannter Bibeltext oder Psalm, das Vaterunser oder die Melodie eines Kirchenliedes können an vergessene, aber in diesem Augenblick reaktivierte Erfahrungen anknüpfen.

Die kirchliche Beerdigung

Über den Akt einer »Trauerfeier« hinaus bringt das kirchliche Begräbnis den Tod eines Menschen mit Gott in Verbindung. Aus der Perspektive des Glaubens gewinnt der Tod eine neue Dimension. Christen glauben: Durch seinen Tod am Kreuz hat Christus den Tod ein für allemal vernichtet. Der Tod ist immer noch schmerzlich, aber er ist überwunden. Jesus wurde ins Grab gelegt, doch Gott erweckte ihn zu neuem Leben. So wird bei der Beisetzung zwar ein Leichnam ins Grab gelegt; das jedoch, was den Menschen zu einem unverwechselbaren Individuum machte, kehrt heim zu seinem Ursprung, kehrt zurück zu Gott.
Aus christlicher Sicht ist Gott der Vater der Menschen, der Quell allen

Lebens. Mit dem Tod ist es nicht zu Ende, denn Gott will ein neues Leben schenken, ohne Tränen und Leiden, ohne Abschied. Solange die Menschen noch hier und heute in der Welt zu Hause sind, kann diese Hoffnung sie aufrichten. Sie ermutigen zur Versöhnung mit dem Verstorbenen und seinem Tod. Sie stärken auf dem Weg durch die Zeit.
Für Glaubende geht der Tote einen Weg voraus, der allen Lebenden noch bevorsteht. Der Verstorbene durchschreitet das Tor zur Ewigkeit, dessen Pforten vor den Augen der Lebenden noch verschlossen sind. Um die Toten müssen sie sich nicht mehr sorgen; sie wissen sie geborgen in den Armen des liebenden Gottes.
Davon will das kirchliche Begräbnis Zeugnis ablegen. Tod und Trauer werden darin nicht verdrängt, sondern angenommen, denn am Ende steht die Auferstehung. Daran mag man zweifeln, besonders wenn der Todesfall hart trifft. Das kirchliche Begräbnis will aber die Zuversicht auf Ostern wach halten und ermutigen, bei Gott in der Not Zuflucht zu suchen.
Der Tod des Einzelnen betrifft nicht nur den Verstorbenen und seine Angehörigen, sondern die ganze Kirche – denn ihr fehlt nun ein »Glied im Leib Christi«. Deswegen ruft die Kirche die Gläubigen zum Gottesdienst zusammen und dankt darin Gott für dieses konkrete Leben, das nun seinen Abschluss gefunden hat. Sie betet für den Verstorbenen und für jene, die ohne ihn weiterziehen müssen. Letztlich erinnert sie alle Christen daran, dass das irdische Leben nur eine Pilgerfahrt hin zum letzten Ziel ist.

Fragen und Antwortversuche

Was ist, wenn der Verstorbene nicht der Kirche (katholisch oder evangelisch) angehörte, aber eine kirchliche Bestattung gewünscht wird?
Dafür gibt es keine Patentantwort. Grundsätzlich gilt: Wenn jemand durch einen Kirchenaustritt deutlich gemacht hat, dass er kein kirchliches Begräbnis wünscht, muss man seinen Willen respektieren. Möglicherweise haben aber andere Beweggründe zu diesem Schritt geführt, und die innere Haltung war nicht gegen den Glauben gerichtet. Im Gespräch zwischen Angehörigen und dem Leiter der Trauerfeier gilt es abzuwägen, ob dennoch eine kirchliche Bestattung angemessen ist.

In begründeten Ausnahmefällen kann auch jemand, der einer anderen christlichen Kirche angehörte, von einem katholischen oder evangelischen Seelsorger beerdigt werden; das ist durch den Seelsorger mit seinen Vorgesetzten abzusprechen.
Kinder und Erwachsene, die getauft werden sollten, aber vor dem Empfang der Taufe verstarben, können in der Regel (katholisch wie evangelisch) kirchlich begraben werden.

Kann auch jemand kirchlich beerdigt werden, der sich selbst das Leben genommen hat?
Ja. Im Mittelpunkt der Verkündigung des Glaubens stehen Liebe und Versöhnung, und nicht, über die Beweggründe eines solchen Schrittes zu Gericht zu sitzen.

Ist es für einen katholischen Christen verboten, eine Einäscherung vorzunehmen?
Früher einmal wurde die Einäscherung als bewusstes Bekenntnis gegen den Glauben an die Auferstehung genutzt; bei einer solchen Haltung würde ein kirchliches Begräbnis keinen Sinn machen. Wird die Feuerbestattung aus praktischen Erwägungen bevorzugt, hat die katholische Kirche nichts dagegen, wenngleich sie die Beibehaltung der Beerdigung des Leichnams empfiehlt.

Wann soll das Begräbnis stattfinden?
Die staatlichen Bestattungsgesetze sehen in der Regel vor, dass eine Beerdigung des Verstorbenen innerhalb von acht Tagen nach dem Eintritt des Todes stattfinden soll. Der Zeitpunkt sollte so gewählt werden, dass jene, die schriftlich über den Tod benachrichtigt werden, auch die Gelegenheit haben, an der Feier teilzunehmen. Der Termin für das kirchliche Begräbnis muss zwischen den Angehörigen, dem Bestatter und dem Pfarr- bzw. Gemeindebüro der Kirchengemeinde abgesprochen werden. Dabei ist zu bedenken: Viele Geistliche haben montags ihren freien Tag. Bei einer Einäscherung muss manchmal mit Wartezeiten gerechnet werden. Einen Termin für die Beisetzung kann man erst festsetzen, wenn die Urne aus dem Krematorium gekommen ist.

Muss bei Katholiken immer eine Totenmesse stattfinden?
Der Verzicht auf eine eigene Messe für den Toten scheint dann sinnvoll, wenn sie den Angehörigen nichts bedeutet. Mitunter müssen Pfarreien auch wegen Priestermangels von individuellen Totenmessen absehen.

Können sich die Angehörigen an der Gestaltung des Begräbnisses beteiligen?
Das ist grundsätzlich möglich und erwünscht. Beispielsweise können nach Absprache mit dem Leiter der Trauerfeier Lieder ausgesucht oder Texte im Gottesdienst vorgetragen werden, vor allem solche, die dem Verstorbenen lieb und teuer waren. Zu bedenken ist, dass die besondere Situation des Begräbnisses die Angehörigen seelisch belastet; daher mangelt es vielleicht an Elan, sich zu engagieren.

Was kostet eine kirchliche Beerdigung?
Grundsätzlich ist die Amtshandlung des Begräbnisses für Mitglieder der Kirchen frei. Für eine katholische Eucharistiefeier wird eine geringe »Stolgebühr« erhoben. Es kann sein, dass die Kirchengemeinde für die Extraleistungen (etwa des Organisten oder Küsters) einen Obolus erbittet.

Die Symbole beim kirchlichen Begräbnis

Die christlichen Kirchen kennen eine Reihe von »Sinnbildern«, also Symbolen, die Glaubensinhalte nicht nur intellektuell, sondern emotional erfahrbar machen. Die katholische Kirche verfügt über einen reichen Schatz solcher Symbole, doch auch die evangelischen Kirchen haben einige davon aus der Tradition übernommen oder sich in den letzten Jahrzehnten wieder zu eigen gemacht. Denn Symbole sprechen eine Sprache, die nicht den Verstand erreicht, sondern das Herz.

Die Farben Violett und Weiß

Trauer kann sich wie Dunkelheit auf uns legen. Das düstere Violett ist die liturgische Farbe der Buße und der Trauer. Sie signalisiert: »Du darfst trauern! Du kannst jetzt deine Not und Furcht herauslassen und vor Gott tragen.« Wenn die Hinterbliebenen mit dem Tod des Verstorbenen bereits versöhnt sind, kann es auch zeichenhaft sein, die liturgische Farbe Weiß zu wählen. Sie steht für Freude und Reinheit; sie lässt bereits den Jubel des Ostertages erahnen.

Die Osterkerze

Christus sagt: »Ich bin das Licht der Welt. Ich mache eure Dunkelheit hell. Ihr braucht keine Angst zu haben.« In jeder Osternacht wird feierlich eine große Osterkerze entzündet, die als Symbol für den auferstandenen Christus ihr Licht spendet. Ihre Botschaft lautet: Der Tod hat nicht das letzte Wort! Das Licht überwindet die Dunkelheit, das Leben ist stärker als der Tod.

Weihwasser

Wasser ist ein Symbol für das Leben und für die Reinigung. Es macht beim Begräbnis deutlich, dass der Verstorbene durch die Taufe in eine besondere Beziehung zu Christus getreten ist. Immer, wenn katholische Christen mit Weihwasser das Kreuzzeichen machen, erinnern sie sich an das Geschenk und die Verantwortung der Taufe.
Die Menschen sind von Gott durch die Schuld getrennt. Gott wird alles wegnehmen, was von ihm trennt. Die Vergebung der Schuld ist wie eine Reinigung der Seele. Was mit der Taufe begann, möge nun durch Gott vollendet werden in seinem Reich.

Weihrauch

Wohlriechender Weihrauch entsteht, wenn getrocknetes Harz aus Pinien- und Zedernbäumen auf glühende Kohlen gelegt wird. In der Antike wurde Weihrauch hochgestellten Persönlichkeiten vorangetragen. Die Christen übernahmen diesen Brauch zur Verehrung Gottes. Die Zeichen seiner Gegenwart werden in einem feierlichen katholischen Gottesdienst

inzensiert (beweihräuchert): das Evangelienbuch, der Altar, das Kreuz und vor allem die Eucharistie, aber auch die Gemeinde und der Priester.
Wenn beim Begräbnis der Leichnam des Verstorbenen inzensiert wird, zeigt das die Hochachtung, die dem verweslichen Leib entgegengebracht wird: er diente einmal dem großen Gott als irdischer Tempel. Leider ist der Gebrauch von Weihrauch in der kirchlichen Beerdigungsfeier nur noch selten üblich.

Erde

Der Glaube versucht, das Leben in Bildern zu verstehen. Eines davon ist die Abstammung aller Menschen von Adam und Eva. »Adam« jedoch bedeutet: Erde. Die Erde ist der Lebensraum des Menschen. Außerdem dient sie als Bild für seine Vergänglichkeit. Diese Vergänglichkeit haben alle Menschen vom ersten Menschenpaar geerbt.
»Von der Erde bist du genommen, und zur Erde kehrst du zurück. Der Herr aber wird dich auferwecken«, lautet ein Wort, wenn beim Begräbnis Erde auf den Sarg gegeben wird: ein Sinnbild für das Einswerden des sterblichen Leibes mit der Erde. Nach christlicher Sichtweise ist der Mensch jedoch mehr als sein Körper; er verfügt auch über eine Seele. Die Seele aber kann man nicht begraben und nicht verbrennen. Neugestaltet erweckt Gott den Menschen zu einem Leben in seiner Gegenwart.

Kreuz

Das Kreuz steht für den Tod Jesu. Für Christen ist es nicht allein ein Zeichen der enttäuschten Hoffnung und des vernichteten Lebens, sondern auch eines des Heiles. In der katholischen Messe wird gebetet: »Geheimnis des Glaubens: Deinen Tod, o Herr, verkünden wir, und deine Auferstehung preisen wir, bis du kommst in Herrlichkeit!« – Der Tod Jesu ist ein Teil dieses »Geheimnisses«. Er lässt sich erst verstehen, wenn er als notwendige Durchgangsstation für die Auferstehung begriffen wird. So sehen Christen im Kreuz – eigentlich einem Folterinstrument – das

Symbol der Hoffnung: Schmerzen, Leiden und Tod werden überwunden. Der Weg führt durch alle Dunkelheit hindurch ins Licht der Auferstehung.

Blumen

Nicht ohne Grund verschenken wir Blumen zum Geburtstag: sie drücken ohne Worte Sympathie und Anerkennung aus. Blumen stehen für das Anmutige, Zarte und Schöne, aber auch für das Vergängliche. Der Brauch, Blumen ins Grab zu werfen, schmückt und ehrt den Verstorbenen, wie auch die Kränze, die an Siegerkränze erinnern: Hier hat einer jenen Lauf vollendet, in dem wir Lebenden uns alle noch mühen.

Trauerfeiern für Verstorbene nicht-christlicher Kulturen

Die Kultur im deutschsprachigen Europa ist schon lange nicht mehr nur christlich geprägt. Für die Menschen nicht-christlicher Religion stellt sich die Frage, wie weit ihre Herkunftstradition bei einer Trauerfeier zum Tragen kommt.
Die zahlreichen Religionen haben unterschiedliche Traditionen zur Bestattung entwickelt. Nicht jede Tradition lässt sich mit den hier geltenden Bestattungsgesetzen und Friedhofsordnungen vereinbaren. Allerdings sind viele Kompromisse möglich, und manches ist vielleicht einfach nur anders als gewohnt.
Wer als Leiter einer Trauerfeier für Verstorbene nicht-christlicher Kulturen fungiert, kann mit diesen möglichen Fragen konfrontiert werden:

Zur Trauerfeier

- Wo findet die Trauerfeier statt: in der Friedhofskapelle, im Abschiedsraum des Bestattungsinstituts oder direkt am Grab? Wo soll aufgebahrt werden?

- Wer darf den Leichnam, den Sarg oder die Urne berühren – und wer auf jeden Fall *nicht*?
- Wird – etwa für einen Menschen muslimischen Glaubens – eine Befreiung von der Sargpflicht beantragt (je nach Bundesland)?
- Bleibt der Sarg bei der Trauerfeier offen oder wird er geschlossen?
- Ist im Abschiedsraum etwas zu gestalten (Kerzen, Blumen, Räucherstäbchen, religiöse Symbole wie Kreuz, Menora, Buddha-Statue)?
- Ist im Raum für die Trauerfeier Besonderes zu beachten? Wird für Rituale ein Platz oder ein Tisch gebraucht?
- Soll Musik gespielt werden (CD)?
- Wer kümmert sich um einen Geistlichen der betreffenden Religion?
- Müssen auch Anwesende, die nicht der betreffenden Religion angehören, bestimmte Dinge beachten (wie beispielsweise, dass Männer bei jüdischen Kulthandlungen den Kopf bedecken)?
- Terminierung: Benötigt die Trauerfeier außergewöhnlich viel Zeit? Dann sollte der Termin so gelegt, werden, dass das Ende offen bleiben kann.
- Ist mit Besonderheiten zu rechnen (etwa Tanz und Gesang, die in Konflikt mit der Friedhofsordnung geraten könnten)? Nach einem chinesischen Brauch streut man bei der Prozession zum Grab Papierscheine (die Geld und damit Wohlergehen symbolisieren) auf den Weg; wer räumt das anschließend wieder weg? Darf am Grab dieses Geld verbrannt werden?

Zur Beisetzung

- Wer geleitet/trägt den Sarg/die Urne zum Grab? Wer senkt den Sarg/die Urne ab?
- Wer darf nicht an der Beisetzung teilnehmen (etwa Frauen nach muslimischem Brauch)?
- Wird etwas ins Grab gegeben: Blumen? Erde? Wasser?
- Gibt es am Grab Musik?
- Ist es möglich, das Grab durch die Teilnehmer der Trauerfeier mit dem Aushub schließen zu lassen? Vielleicht bei einer Urne? Oder bis der Sarg nicht mehr zu sehen ist?

Was noch zu beachten ist

Musik bei der Trauerfeier

Natürlich kann eine Trauerfeier ohne Musik ablaufen. Doch Worte und Schweigen allein unterstreichen den Ernst des Anlasses erst recht, wenn auf Musik als ausgleichendes Element verzichtet wird. Musik vermag das Gemüt anders anzusprechen als Worte. Sie kann eine traurige Stimmung verstärken, sie kann aber auch aufheitern und trösten, und angesichts des Todes Kraft zum Weiterleben geben. So wird sie zum wesentlichen Bestandteil der Trauerfeier.
Grundsätzlich kommt Musik aus allen Genres in Betracht: Klassik, Jazz, Pop, Schlager, Volks- und Kirchenmusik. Auch Trauermusik ist Modetrends unterworfen; das Bestattungsinstitut kann auf Wunsch sicherlich die jeweils aktuellen Titel nennen. Die Stücke sollten so gewählt werden, dass sie dem Geschmack des Verstorbenen entsprechen, aber auch den Bedürfnissen der Trauergemeinde und der Schwere des Verlustes angemessen sind. Manche könnten starke Emotionen auslösen – nicht nur die bekannten »Tränendrüsendrücker«, sondern auch Musik, zu der der Verstorbene eine besondere Beziehung hatte. Möchte man diese Wirkung lieber vermeiden, oder ist sie wünschenswert, um Verkrampfungen zu lösen und den Trauernden zu helfen, ihre Tränen zuzulassen?

Die Anzahl der Stücke richtet sich nach der voraussichtlichen Länge der Trauerfeier. Bei rund fünfzehn Minuten Rededauer sollte die Musik etwa gleich viel Zeit in Anspruch nehmen. In der Regel werden also drei Musikstücke erklingen, entweder von einem Tonträger (Kassette, CD) oder live.
Ob und welche Live-Musik in Frage kommt, hängt davon ab, wo die Trauerfeier stattfindet (Kirche, Friedhofskapelle, direkt am Grab), und welche Instrumente und Musiker zur Verfügung stehen. Für gewöhnlich gibt es in der Kirche die Orgel und in der Friedhofskapelle ein Harmonium. Fehlt es, dann kann möglicherweise ein derartiges Instrument (elektronisches Tasteninstrument, Keyboard) mitgebracht werden, doch

kommen auch Streich-, Blas- oder Zupfinstrumente und sogar »Exoten« wie Dudelsack und Drehorgel in Frage. Manchmal tritt nicht nur ein Solist, sondern ein ganzes Ensemble auf, etwa ein Posaunenchor, ein Streichquartett oder eine Band.

Mit diesen muss vorab geklärt werden, ob sie das Gewünschte beherrschen und die Noten dafür besitzen, denn zum Einstudieren bleibt meist nicht viel Zeit. Ist eine Einweisung in die vorhandene Orgel nötig? Lässt sich das Keyboard aufstellen und anschließen? Ein musizierwilliger Angehöriger sollte sich nicht selbst überschätzen, sondern nervlich der Trauerfeier wirklich gewachsen sein, was bei Profis in der Regel kein Problem ist.

Werden gemeinsam Lieder gesungen, sind bevorzugt solche auszuwählen, die als bekannt vorausgesetzt werden können. Text und Noten müssen in ausreichender Anzahl zur Verfügung stehen, in Gesangbüchern oder auf kopierten Liedzetteln. Auch ein Solist oder Chor kann auftreten. Musiker und Sänger sollten vor der Feier prüfen, wo sie Aufstellung nehmen werden, und ob dafür im Raum der Trauerfeier oder ums Grab herum genug Platz ist. Vor der Feier empfiehlt sich auch eine Lautstärkeprobe. Bleibt für all das genügend Zeit? Auf den Friedhöfen in Großstädten werden die Kapellen oft im 40-Minuten-Takt belegt.

Bei Musik vom Tonträger ist die Auswahl nahezu unbegrenzt. Die Abspielanlage muss den Raum beschallen können. Wer bringt sie mit: der Bestatter oder die Angehörigen? Wo im Raum der Trauerfeier ist eine Steckdose? Werden Verlängerungskabel oder Mehrfachstecker benötigt? Die Lautstärke vorher prüfen; lieber leise starten und dann erhöhen, als umgekehrt. Wer an der Anlage steht, muss sie sicher bedienen können.

Mitgebrachte CDs mit Zetteln beschriften, auf denen angegeben ist, welcher Track an welcher Stelle der Trauerfeier (Einleitung, Mitte, Auszug) vorgesehen ist. Vorsicht bei selbst gebrannten CDs: Vor Gebrauch probehören, ob sich beim Brennen kein Fehler eingeschlichen hat. Außerdem funktionieren sie nicht auf allen Geräten und nicht bei jedem Wetter.

Wenn bei einer Trauerfeier Musik erklingt, ist sie in der Regel nicht selbst komponiert, sondern von Urhebern geschaffen: von Komponisten, Textdichtern, Sängern, Musikern. Diese haben einen Anspruch auf Bezahlung, wenn ihre Musik gespielt wird, ob live durch Musiker oder von einem Tonträger.

In Deutschland vertritt die GEMA (Gesellschaft für musikalische Aufführungs- und mechanische Vervielfältigungsrechte) die Rechte der Musikurheber und zieht in ihrem Namen die Lizenzgebühren für das Abspielen der Musik ein. Bei kirchlichen Trauerfeiern ist diese Vergütung über einen Gesamtvertrag zwischen der GEMA und den Kirchen abgegolten. Bei nicht-konfessionellen Trauerfeiern muss eine individuelle Lizenzierung der gespielten Musik erfolgen. Dafür zuständig sind die Veranlassenden der Trauerfeier, also die Angehörigen. Diese beauftragen jedoch in der Regel das Bestattungsinstitut mit der Wahrnehmung und Erfüllung der anfallenden Rechte und Pflichten. Der Bestatter muss also – im Namen der Angehörigen – vorab bei der zuständigen GEMA-Bezirksdirektion die Lizenz für die Musiknutzung erwerben. Die GEMA-Gebühr hierfür beträgt 15 Euro. Die zuständige Bezirksdirektion der GEMA ist zu erfahren über folgende Adresse im Internet:
http://www.gema.de/der-verein-gema/adressen/bezirksdirektionen/

Das Schweigen während der Trauerfeier

Wenn man am meisten empfindet, weiß man oft am wenigsten zu sagen. Vielleicht lässt sich sogar bei einer Trauerfeier das Wichtigste gar nicht mit Worten ausdrücken. Es wird nur gesprochen, um die »Sprachlosigkeit« angesichts des Todes auszuhalten.
Deswegen kann ein Moment des Schweigens hilfreich sein. Das Schweigen ist ein eigenes Element der Trauerfeier. Es ist mehr als ein Augenblick, in dem gerade nicht gesprochen wird und keine Musik spielt. Es dient der Vergegenwärtigung der krisenhaften Situation und der Erinnerung an den Toten. Im Schweigen können sich die Trauernden als Gemeinschaft erfahren. Und es mag dabei auch so etwas wie eine stille Kommunikation zwischen dem Verstorbenen und den Angehörigen geben, »von Herz zu Herz«.

Der Moment des Schweigens sollte kurz mit erklärenden Worten eingeführt werden, damit erkennbar wird, dass dieses Verhalten beabsichtigt ist und nicht auf irgendeinem Problem im Ablauf beruht.
Er sollte etwa in der Mitte der Trauerfeier liegen, damit die Trauergäste

bereits die Schwelle in die Abschiedshandlung überwunden haben. Er muss frei sein von anderen Aktivitäten (Kränze beiseite räumen, Buch aufschlagen, Aufstellung nehmen für das nächste Musikstück o. ä.).
Das Schweigen sollte gut 30 Sekunden, aber nicht länger als eine Minute dauern. Die Stimmung des Schweigens kann anschließend durch ein Musikstück fortgeführt werden.

Kleidung bei der Trauerfeier

Auf die Kleidung der Trauernden haben jene, die mit der Vorbereitung und Gestaltung der Feier beauftragt sind, keinen Einfluss. Das Fachpersonal achtet jedoch auf ein gepflegtes Äußeres und kleidet sich traditionell: im europäischen Kulturkreis ist eben Schwarz die Farbe der Trauer.

Kirchliche Amtsträger tragen liturgische Kleidung. Bei kurzen Talaren darf an den Ärmeln kein bunter Pullover und unten keine Jeans herausschauen. Sandalen sind tabu.
Trauerredner tragen einen schwarzen Anzug, ein weißes Hemd und eine schwarze Krawatte; Trauerrednerinnen schwarzes Kostüm (oder Blazer und Hose) und weiße Bluse. Die Schuhe müssen geputzt sein. Gegenstände, die auftragen (Schlüsselbund, Geldbörse, Handy), sind vor der Feier aus den Taschen zu entnehmen.
Auch an heißen Tagen kann auf klassische Kleidung nicht verzichtet werden. An kalten Tagen sind Mantel, Schal und Handschuhe (alles in Schwarz) gestattet, eventuell Hut. Wird die Winterbekleidung zwischen der Feier und der Prozession zum Grab angelegt, ist das mit den Trägern vorher abzustimmen, damit sie so lange abwarten. Beim Einsenken des Sarges oder der Urne nehmen Herren den Hut ab; zum Kondolieren werden die Handschuhe ausgezogen.
Mögliche Ausnahmen von der strengen Kleiderordnung: Eine Trauerfeier im Bestattungswald, für die zum Beispiel feste Schuhe notwendig sind.
Es ist auch möglich, dass die Angehörigen darum bitten, nicht in Schwarz zu erscheinen; dann kann ein Anzug/Kostüm in helleren Farben getragen werden.

Kinder bei der Trauerfeier

Der Tod ist ein Teil des Lebens. Kinder können nicht vor dieser Realität bewahrt werden, indem man sie von der Teilnahme an der Trauerfeier ausschließt. Auch wenn sie nicht alle Worte und Handlungen verstehen, können sie doch die entlastende Funktion der Feier spüren: das Kind ist nicht allein in seiner Trauer! Und die Kinder sehen mit eigenen Augen, wohin man den Toten legt, nämlich in ein Grab.
Wenn in einer Familie ein Todesfall eingetreten ist, muss das dem Kind gesagt werden. Es bemerkt den Verlust und spürt die Traurigkeit der Erwachsenen, deswegen hat es ein Recht auf Erklärung.
Kinder nehmen alles wörtlich: Wenn der Opa jetzt »im Himmel« ist – warum legt man ihn dann in die Erde? Hier wäre also eine Unterscheidung zwischen Leib und Seele notwendig.
Die Eltern entscheiden, ob ein Kind mit zur Trauerfeier geht oder nicht. In der Regel wirkt diese Erfahrung *ent*lastend auf ein Kind, selten *be*lastend. Vor der Trauerfeier wird dem Kind erklärt, was dort geschieht: Man trifft sich in der Kirche oder auf dem Friedhof. Alle Menschen sind schwarz gekleidet. Viele weinen, weil sie traurig sind. Jemand spricht über den Toten, es gibt Musik. Dann geht man zum Grab … Das Kind wird viele Begriffe nicht kennen: Ein Sarg ist eine Kiste aus Holz, in der der Verstorbene liegt. Der Tote hat keine Schmerzen mehr, braucht keine Luft und keine Nahrung.
Findet eine Urnenbeisetzung statt, muss erklärt werden, was das ist: Nicht »der Opa« ist in der Urne, sondern die Asche, nachdem man seinen Körper verbrannt hat.
Der Leiter der Trauerfeier bezieht die Kinder nur zurückhaltend explizit ein; die Namen der Kinder als Nachkommen des Verstorbenen können genannt werden, doch alles Weitergehende könnte den Kindern unangenehm sein.
Kinder dürfen bei der Trauerfeier weinen; sie dürfen aber auch fröhlich sein. Wenn ein Kind es nicht aushält, darf es die Trauerfeier verlassen. Wenn Kinder laut sind und stören, sollten sie aus Rücksicht auf die Trauergemeinde hinausgebracht werden. Wenn sich jedoch niemand für ein störendes Kind verantwortlich fühlt, muss der Leiter der Trauerfeier vorsichtig intervenieren: Vielleicht das Kind direkt ansprechen und um Geduld bitten (»Es dauert nicht mehr lange.«) oder auch direkt die

Eltern ansprechen und sie ersuchen, für die notwendige Ruhe zu sorgen.

Auch Kinder können, wenn sie das möchten, ins offene Grab eine Blume oder eine Schaufel Sand geben, oder etwas anderes beitragen, was sie dem Toten mitgeben möchten – ein selbst gemaltes Bild oder einen kleinen Gegenstand –; sie müssen aber nicht.

Nach der Trauerfeier sollten die Eltern mit dem Kind sprechen, wie es das Erlebte aufgenommen hat, damit eine positive Verarbeitung möglich ist.

Texte zur Auswahl

Mit der Endlichkeit versöhnen

Eines Menschen Zeit währet länger als seine Jahre.

Peter Bamm

Das einzig Wichtige im Leben ist die Spur an Liebe, die wir hinterlassen, wenn wir gehen.

Albert Schweitzer

Ich höre auf zu leben, aber ich habe gelebt.

Johann Wolfgang von Goethe

Die Erinnerung ist das einzige Paradies,
aus welchem wir nicht vertrieben werden können.

Jean Paul

Die Menschen haben vor dem Tod zu viel Achtung, gemessen an der geringen Achtung, die sie vor dem Leben haben.

Henry de Montherlant

Im Abschied ist die Geburt der Erinnerung.

Salvador Dalí

Die Menschen sind nicht nur zusammen, wenn sie beisammen sind, auch der Entfernteste, der Abgeschiedene lebt in uns.

Johann Wolfgang von Goethe

Der Tod birgt kein Geheimnis. Er öffnet keine Tür. Er ist das Ende eines Menschen. Was von ihm überlebt, ist das, was er anderen Menschen gegeben hat, was in ihrer Erinnerung bleibt.

Norbert Elias

Der Mensch lebt weiter, auch nachdem er den Hafen des Todes erreicht hat und seine Werke sind vollzählig bei ihm.

Lehre des Cheti

Die Wahrheit eines Menschen wird glaubwürdig mit den kleinen Taten in der Zeit seiner Endlichkeit.

Margot Bickel

Versöhnung mit dem Weltgesetz

Die vollkommenen Weisen des Altertums kannten weder die Liebe zum Leben noch den Hass auf den Tod. Der Eintritt ins Leben war für sie kein Grund zur Freude, der Austritt aus ihm rief keinen Widerstand hervor. Sie kamen und gingen in Gelassenheit. Sie vergaßen nicht ihren Anfang, noch fragten sie nach ihrem Ende. Sie nahmen ihr Leben hin und freuten sich daran; sie vergaßen jegliche Furcht vor dem Tod und kehrten zurück zu dem Zustand vor ihrem Leben. Es lag ihnen fern, dem Weltgesetz zu widerstreben und den geringsten Versuch zu machen, mit menschlichen Mitteln das Göttliche befördern zu wollen.

Chuang-tzu

Dialog eines Lebensmüden mit seiner Seele

Der Tod ist heute vor mir
wie Genesung nach einer Krankheit
wie ein erstes Aufstehen nach einem Leiden.

Der Tod ist heute vor mir
wie der Duft der Myrrhe
wie eine Rast unter einem Schutzdach
an einem stürmischen Tag.

Der Tod ist heute vor mir
wie der Duft der Lotusblumen
wie ein Augenblick im Freudenrausch.

Der Tod ist heute vor mir
wie ein Weg nach dem Regen
wie eine Rückkehr nach Hause
nach einem Krieg in der Ferne.

Der Tod ist heute vor mir
wie eine Aufklarung in einem von Wolken bedeckten Himmel
wie die Sehnsucht nach dem Unbekannten.

Der Tod ist heute vor mir
wie die Freude, die man empfindet,
sein Haus wiederzusehen
nach langen Jahren in der Gefangenschaft.

Aus dem alten Ägypten

Wo?

Wo wird einst des Wandermüden
Letzte Ruhestätte sein?
Unter Palmen in dem Süden?
Unter Linden an dem Rhein?

Werd ich wo in einer Wüste
Eingescharrt von fremder Hand?
Oder ruh ich an der Küste
Eines Meeres in dem Sand?

Immerhin! Mich wird umgeben
Gotteshimmel, dort wie hier,
Und als Totenlampen schweben
Nachts die Sterne über mir.

Heinrich Heine

Wanderer sind wir

Je inständiger wir etwas lieben, umso schwerer lassen wir es los. […]
Wanderer sind wir in dieser Welt, nicht Sesshafte; als Fremde leben wir in Herbergen oder, um sich noch deutlicher auszudrücken, in Zelten; wir leben nicht in unserer Heimat. Dieses ganze Leben ist nichts als ein Lauf – und erst noch ein kurzer – zum Tod. […]
Mag einer auch das Alter erreichen – für wie wenige das zutrifft, weiß jedermann –, so ist doch, bei Gott, das ganze Leben nichts anderes als die Strecke eines kurzen Stadions, in welchem wir wohl oder übel ununterbrochen laufen, ob wir nun schlafen, wachen, uns freuen oder gepeinigt werden. Einem Sturzbach vergleichbar reißt uns der ununterbrochene Lauf der Zeiten mit, selbst wenn uns oder anderen scheinen mag, als ob wir rasteten. […]
Wenn Menschen, die nicht zu Hause bleiben, sondern in der Fremde weilen, in Herbergen oder unterwegs etwas Vorteilhaftes begegnet, binden sie sich nicht zu sehr daran, da sie das, was ihnen Freude bereitet, bald wieder verlassen werden. Begegnet ihnen aber Unangenehmes, so ertragen sie es leicht, denken sie sich doch: »Das Mittagessen nehme ich hier, aber das Abendessen bereits anderswo!«

Erasmus von Rotterdam

Scheidendes Licht

Bei einem scheidenden Licht
Sehen wir schärfer, klar,
Als bei dem Docht, der steht.
Etwas erhellt die Sicht.
Das Strahlen wird wahr,
Wenn es geht.

Emily Dickinson

Die Beute

Was also wird unser Tod erbeuten
nach einem herrlichen Fest namens Leben?
Da haben unsere Seelen die Leiber schon verzehrt
und für den Tod, wenn er kommt,
nur dieses kleine bisschen übrig gelassen.

Muhammad al-Ghuzzi

Der Prophet spricht über den Tod

Dann sprach Almitra: Wir möchten nun nach dem Tod fragen.
Und er sagte:
Ihr möchtet das Geheimnis des Todes kennenlernen. Aber wie werdet ihr es finden, wenn ihr es nicht im Herzen des Lebens sucht?
Die Eule, deren Nachtaugen am Tag blind sind, kann das Mysterium des Lichts nicht entschleiern. Wenn ihr wirklich den Geist des Todes schauen wollt, öffnet eure Herzen weit dem Körper des Lebens.
Denn Leben und Tod sind eins, so wie der Fluss und das Meer eins sind.
In der Tiefe eurer Hoffnungen und Wünsche liegt euer stilles Wissen um das Jenseits;
Und wie Samen, der unter dem Schnee träumt, träumt euer Herz vom Frühling.
Traut den Träumen, denn in ihnen ist das Tor zur Ewigkeit verborgen.
Eure Angst vor dem Tod ist nichts als das Zittern des Hirten, wenn er vor dem König steht, der ihm zur Ehre die Hand auflegen wird.
Freut sich der Hirte unter seinem Zittern nicht, dass er das Zeichen des Königs tragen wird?
Doch gewahrt er sein Zittern nicht viel mehr?
Denn was heißt sterben anderes, als nackt im Wind zu stehen und in der Sonne zu schmelzen?
Und was heißt nicht mehr zu atmen anderes, als den Atem von seinen rastlosen Gezeiten zu befreien, damit er emporsteigt und sich entfaltet und ungehindert Gott suchen kann?
Nur wenn ihr vom Fluss der Stille trinkt, werdet ihr wirklich singen.

Und wenn ihr den Gipfel des Berges erreicht habt, dann werdet ihr anfangen zu steigen.
Und wenn die Erde eure Glieder fordert, dann werdet ihr wahrhaft tanzen.

Khalil Gibran, Der Prophet

Wenn ich das letzte Lied singe

Lass es schön sein, wenn ich das letzte Lied singe.
Lass es Tag sein, wenn ich das letzte Lied singe.

Ich möchte auf meinen beiden Füßen stehen,
wenn ich das letzte Lied singe.

Ich möchte mit meinen Augen hochblicken,
wenn ich das letzte Lied singe.

Ich möchte, dass die Winde meinen Körper umschließen,
wenn ich das letzte Lied singe.

Ich möchte, dass die Sonne auf meinen Körper scheint,
wenn ich das letzte Lied singe.

Lass es schön sein, wenn ich das letzte Lied singe.
Lass es Tag sein, wenn ich mein letztes Lied singe.

Indianisches Sterbelied

Du schenkst die Zeit

Gott, du schenkst die Zeit,
du streust den Samen,
das Gestern, Heute, Morgen.

Gott, bevor wir kamen
mit all den vielen Sorgen,
warst du, war Ewigkeit.

Gott, die Zeit kann man nicht borgen
und ist es einst so weit,
so lass mich sprechen: Amen!

Georg Schwikart

Was kommt nach dem Tod?

Lehrer: Gibst du zu, dass die Seelen nach dem Tod entweder weiterbestehen oder beim Tod untergehen?

Schüler: Natürlich gebe ich das zu.

Lehrer: Und wie ist es, wenn sie weiterleben?

Schüler: Ich gebe zu, dass sie dann glücklich sind.

Lehrer: Wenn sie aber untergehen?

Schüler: Dann können sie nicht glücklich sein, weil sie ja überhaupt nicht mehr da sind.

Lehrer: Aber wie kannst du dann denken, der Tod sei ein Übel? Wenn die Seelen weiterleben, macht uns der Tod glücklich. Wenn wir nachher kein Gefühl mehr haben, kann uns der Tod nicht wehtun.

Aus den Tuskulanischen Gesprächen des Marcus Tullius Cicero

Vom Nichtsein und Dasein

Wenn, was uns den Tod so schrecklich erscheinen lässt, der Gedanke des Nichtseins wäre; so müssten wir mit gleichem Schauder der Zeit gedenken, da wir noch nicht waren. Denn es ist unumstößlich gewiss, dass das Nichtsein nach dem Tode nicht verschieden sein kann von dem vor der Geburt, folglich auch nicht beklagenswerter. Eine ganze Unendlichkeit ist abgelaufen, als wir noch nicht waren; aber das betrübt uns keineswegs. Hingegen, dass nach dem momentanen Intermezzo eines ephemeren [flüchtigen, kurzlebigen] Daseins eine zweite Unendlichkeit folgen sollte, in der wir nicht mehr sein werden, finden wir hart, ja unerträglich. Sollte nun dieser Durst nach Dasein etwa dadurch entstanden sein, dass wir es jetzt gekostet und so gar allerliebst gefunden hätten?

Arthur Schopenhauer

Der Tor und der Tod

Der Tod:
Wenn in der lauen Sommerabendfeier
Durch goldne Luft ein Blatt herabgeschwebt,
Hat dich mein Wehen angeschauert,
Das traumhaft um die reifen Dinge webt;
Wenn Überschwellen der Gefühle
Mit warmer Flut die Seele zitternd füllte,
Wenn sich in plötzlichem Durchzucken
Das Ungeheure als verwandt enthüllte,
Und du, hingebend dich im großen Reigen,
Die Welt empfingest als dein eigen:
In jeder wahrhaft großen Stunde,
Die schauern deine Erdenform gemacht,
Hab ich dich angerührt im Seelengrunde
Mit heiliger, geheimnisvoller Macht.

Hugo von Hofmannsthal

Alles hat seine Zeit

Alles, was auf der Erde geschieht, hat seine von Gott bestimmte Zeit:
geboren werden und sterben,
einpflanzen und ausreißen,
töten und Leben retten,
niederreißen und aufbauen,
weinen und lachen,
wehklagen und tanzen,
Steine werfen und Steine aufsammeln,
sich umarmen und sich aus der Umarmung lösen,
finden und verlieren,
aufbewahren und wegwerfen,
zerreißen und zusammennähen,
schweigen und reden.
Das Lieben hat seine Zeit

und auch das Hassen,
der Krieg und der Frieden.
Aus dem Buch Kohelet/Prediger Salomonis

Selbstbetrachtungen

Verachte nicht den Tod, sondern habe dein Wohlgefallen an ihm, in der Überzeugung, dass auch er zu den Dingen gehört, wie die Natur sie will. Denn ein Vorgang der Art wie Jungsein und Altwerden, Wachsen und Blühen oder wie das Hervorkommen der Zähne, des Bartes, der grauen Haare, das Zeugen, Schwangergehen und Gebären und die übrigen Auswirkungen der Natur sind alles Dinge, die die Jahreszeiten deines Lebens mit sich bringen – solch ein Vorgang ist gerade auch die Auflösung.
Es entspricht daher der inneren Einstellung eines denkenden Menschen, dass er dem Tode nicht gleichgültig gegenüber steht, aber auch nicht ungestüm nach ihm verlangt oder ihn gering schätzt, vielmehr muss er auf ihn warten als auf ein Ereignis, das die Natur der Dinge so mit sich bringt.

Mark Aurel

Die weggeworfene Haut

Zunächst starben die Menschen niemals. Wenn sie fortgeschrittenen Alters waren, warfen sie vielmehr ihre Häute ab wie Schlangen und Krebse, und kamen mit erneuerter Jugend heraus. Nach einer Zeit ging eine alt gewordene Frau zu einem Fluss, um ihre Haut zu wechseln. Sie warf ihre alte Haut in das Wasser und beobachtete, wie sie hinunterschwamm und an einem Zweig hängen blieb.
Dann ging sie nach Hause, wo sie ihr Kind zurückgelassen hatte. Das Kind aber weigerte sich, sie wiederzuerkennen. Es rief, seine Mutter sei eine alte Frau und nicht diese junge Fremde. Um ihr Kind zu beruhigen, ging sie ihrer alten Hülle nach und zog sie wieder an. Seit jener Zeit hörten die Menschen auf, ihre Häute wegzuwerfen, und sie starben seitdem.

Melanesischer Mythos

Aus dem Stundenbuch

Ich lebe mein Leben in wachsenden Ringen,
die sich über die Dinge ziehn.
Ich werde den letzten vielleicht nicht vollbringen,
aber versuchen will ich ihn.

Ich kreise um Gott, um den uralten Turm,
und ich kreise jahrtausendelang;
und ich weiß noch nicht: bin ich ein Falke, ein Sturm
oder ein großer Gesang.

Rainer Maria Rilke

Endgültige Reise

... Und ich werde gehen. Die Vögel werden weitersingen;
mein Garten verbleibt, mit seinem grünen Baum
und seinem weißen Brunnen.

Jeden Nachmittag ein blauer, gelassener Himmel;
jeden Nachmittag, wie heute, das Läuten
der Glocken im Glockenturm.

Die mich liebten werden sterben;
das Dorf wird sich in jedem Jahr erneuern;
und in jener Ecke meines blühenden und geweißelten Gartens
irrt nostalgisch mein Geist ...

Und ich werde gehen; allein werde ich sein, ohne Heim, ohne
grünen Baum, ohne weißen Brunnen,
ohne blauen, gelassenen Himmel ...
Die Vögel werden weitersingen.

Juan Ramón Jiménez

An M.

Der du meine Wege mit mir gehst,
Jede Laune meiner Wimper spürst,
Meine Schlechtigkeiten duldest und verstehst –
Weißt du wohl, wie heiß du mich oft rührst?

Wenn ich tot bin, darfst du gar nicht trauern.
Meine Liebe wird mich überdauern
und in fremden Kleidern dir begegnen
Und dich segnen.

Lebe, lache gut!
Mache deine Sache gut!

Joachim Ringelnatz

Vom glückseligen Leben

Fordert die Natur das zurück, was sie uns zuallererst geliehen hat, so werden wir auch in diesem Falle sagen: Nimm meinen Geist wieder hin, besser als du mir ihn gabst; ich fliehe nicht und weigere mich nicht; da hast du wieder, was du mir gabst, ohne dass ich es wusste; willig gebe ich es zurück; nimm es! Dahin zurückkehren, woher man kam, was ist daran Schweres? Schlecht lebt jeder, der nicht gut zu sterben weiß. [...]
Der Tod bedeutet Nichtsein. Was dies ist, weiß ich schon. Dies wird der Zustand nach meiner Existenz sein, wie er schon vor meiner Existenz war. Wenn darin etwas Schlimmes liegt, so muss es auch darin gelegen haben, ehe wir das Licht der Welt erblickten. Doch wir haben damals keinen Schmerz gefühlt. Wäre es nicht töricht, glauben zu wollen, es sei schlimmer für die Lampe, wenn sie erloschen ist, als bevor sie angezündet wird? Auch wir werden angezündet und erlöschen wieder; in der Zwischenzeit empfinden wir Schmerz; vorher und nachher aber ist tiefe Ruhe.

Lucius Annaeus Seneca

Über das Schicksal des Menschen

Viel Unruhe ist jedem Menschen in die Wiege gelegt worden. Auf allen liegt eine schwere Last, von dem Tag, an dem sie aus dem Schoß ihrer Mutter hervorkommen, bis zu dem Tag, an dem sie zurückkehren in den Schoß der Erde, der Mutter aller Geschöpfe. Ihre Herzen sind voller Angst, ihr Grübeln und ihr besorgtes Fragen kreist um das, was auf sie wartet: um den Tag ihres Todes. Darin geht es allen gleich: dem, der auf strahlendem Thron sitzt, wie dem, der in Staub und Asche kauert; dem, der Purpurgewand und Krone trägt, wie dem, der sich in Lumpen hüllt. [...]
Alle Geschöpfe, Menschen wie Tiere, haben das gleiche Schicksal. [...] Alles, was aus der Erde hervorgegangen ist, kehrt auch in die Erde zurück, so wie alles Wasser ins Meer zurückfließt. [...]
Tod – wie bitter ist der Gedanke an dich für jemand, der zufrieden und sorgenfrei in seinem Heim lebt, dem alles gelingt und der noch genügend bei Kräften ist, um Freuden zu genießen! Tod – wie willkommen ist dein Urteilsspruch für jemand, der in Armut lebt, dessen Kräfte schwinden, der durch hohes Alter und viele Sorgen lebensmüde geworden ist, sich gegen alles auflehnt und die Geduld verloren hat! Hab keine Angst vor dem Urteilsspruch des Todes! Denk an alle, die dir vorausgegangen sind, und an die, die nach dir kommen. [...]
Ob du zehn, hundert oder tausend Jahre lebst, in der Totenwelt fragt niemand mehr danach.

Aus dem Buch Sirach

Gitanjali

Ich nahm den Augenblick nicht wahr,
da ich zum ersten Mal die Schwelle
dieses Lebens überschritt.

Ach, welche Macht hat mich geöffnet
in diese Weite voll Geheimnis,
wie eine Knospe sich erschließt
im Wald um Mitternacht.

Als ich am ersten Morgen aufsah
in das Licht, erkannt ich plötzlich,
dass ich auf dieser Welt kein Fremdling war.
Das Unerforschliche, das weder Form
noch Namen hat, nahm mich in seine Arme –
in meiner lieben Mutter Arme.

Genauso wird der Tod das gleiche Unbekannte
mir erscheinen als etwas, was ich stets gekannt.
Und weil ich dieses Leben liebe,
werd ich gewiss den Tod genauso lieben.

Das Kind weint auf, wenn es die Mutter
wegnimmt von der rechten Brust,
und findet an der linken schon
im nächsten Augenblick den vollen Trost.

Wenn ich einmal von hier mich wende,
sei dies mein Abschiedswort:
Unübertrefflich ist, was ich gesehen.

Gekostet hab ich von dem verborgenen
Honig der Lotosblüte, die auf dem Ozean
des Lichts sich entfaltet.
Und so bin ich begnadet.
Dies sei mein Abschiedswort.

Auf dieser Bühne grenzenloser Formen
hatte ich mein Spiel.

Rabindranath Tagore

Die Brücke von San Luis Rey

Die Liebe wird genug gewesen sein; alle Regungen der Liebe kehren zurück zu der einen, die sie entstehen ließ. Nicht einmal eines Erinnerns bedarf die Liebe. Da ist ein Land der Lebenden und ein Land der Toten, und die Brücke zwischen ihnen ist die Liebe – das einzig Bleibende, der einzige Sinn.

Thornton Niven Wilder

Vom schmerzlichen Abschied

Es gibt keinen Maßstab für das Fehlen, mit dem du uns fehlst.

Dorothee Sölle

Ja, Schnecke, besteig den Fuji, aber langsam, langsam.

Aus Japan

Lausche still und schweigend auf dein Herz. Wenn es dann zu dir spricht, steh auf und geh, wohin es dich trägt.

Susanna Tamaro

Der Mensch ist vergänglich wie das Gras,
es ergeht ihm wie der Blume im Steppenland:
Ein heißer Wind kommt – schon ist sie fort,
und wo sie stand, bleibt keine Spur von ihr.

Aus Psalm 103

Wenn wieder ein Bekannter gestorben ist: überrascht es Sie, wie selbstverständlich es Ihnen ist, dass die anderen sterben? Und wenn nicht: haben Sie dann das Gefühl, dass er Ihnen etwas voraus hat, oder fühlen Sie sich überlegen?

Max Frisch

Jenseits des Verstandes wohnt die Trauer.

Micha Bund

Ich erschrecke bei dem Gedanken, wie weit die Unendlichkeit reicht und frage mich, was wohl hinter der Unendlichkeit kommt.

Heinz Rühmann

Das Fürchterlichste am Adressbuch ist, dass ihm einmal die Adressen unserer Freunde entnommen werden, um ihnen unsere Todesanzeigen zuzuschicken.

Ramón Gómez de la Serna

Da tat es mir wohl, vor dir zu weinen, um sie und für sie, um mich und für mich. Ich ließ den Tränen, die ich zurückgehalten, freien Lauf. Mochten sie fließen, so viel sie wollten. Ich bettete mein Herz hinein und fand Ruhe in ihnen.

Aurelius Augustinus

Wie groß auch Schönheit, Dichtung, Ruhm
gediehn
größer ist Tod –
das Leben erntet ihn.

John Keats

Weigerung

Das stimmt nicht!
Man hat sich vertan!
Es muss eine Verwechslung sein!
Ich war doch gestern noch bei dir.
Ich kann es einfach nicht glauben.

Es kann nicht sein;
ich hörte eben noch deine Stimme,
sah dich über die Straße gehen.

Ich weigere mich, es zu glauben.
Ich stürze mich in Beschäftigung,
tue so, als ob nichts wäre.

Das Wort nehme ich nicht in den Mund,
das schreckliche Wort mit den drei Buchstaben.

Georg Schwikart

Was zurückbleibt

Während ich schlief, wuchsen deiner Seele Flügel.
Du flogst mir voraus in die Unendlichkeit.
Zurück blieb dein Körper.

Fremd geworden dein Gesicht.
Leblos deine Hand.
Totenstille um mich.
Eiseskälte in mir.

Wann spüre ich den Schmerz?
Wann fließen die Tränen,
die mich erlösen aus dieser Starre?

Rosemarie Pfirschke

Allahs Bote

»O König, leih mir dein schnellstes Kamel. Ich muss sofort nach Bagdad reiten.«
Mit fliegenden Gewändern war der Gärtner des Königs die Stufen des Palastes in Damaskus hinaufgestürmt.
»Was ist denn passiert, was dich so erschreckt hat?«
»Mein König«, antwortete der Gärtner aufgeregt, »soeben ist mir im Garten der begegnet, den sie den Boten Allahs heißen. Er hat die Arme erhoben und mir gedroht. Deshalb muss ich fort. Fern von hier, in Bagdad, werde ich sicher sein.«
Der König zögerte nicht und gab dem Gärtner sein bestes Kamel. Dieser ritt auf der Stelle los, so schnell das Tier laufen konnte. Der König aber begab sich in den Garten, wo er tatsächlich den Tod antraf. Er schimpfte mit dem Tod: »Was denkst du dir dabei, meinen treuen Gärtner so zu bedrohen?«
Allahs Bote schüttelte den Kopf: »Ich habe deinen Gärtner nicht bedroht. Ich war nur überrascht.«
Der König zornig: »Mach mir keine Ausflüchte, du hast ihn zu Tode erschreckt.«

»O nein«, antwortete der Tod, »ich habe nur die Hände über dem Kopf zusammengeschlagen. Ich war verwundert, deinen Gärtner hier in Damaskus zu sehen. Mein Auftrag ist, ihn heute Abend fern von hier, in Bagdad, zu holen.«

Arabisches Märchen

Die Angst der Trauer

Niemand hat mir je gesagt, dass das Gefühl der Trauer so sehr dem Gefühl der Angst gleicht. Ich fürchte mich nicht, aber die Empfindung gleicht der Furcht. Das gleiche Flattern im Magen, die gleiche Unrast. Ich muss die ganze Zeit schlucken. Zu andern Zeiten habe ich das Gefühl leichter Benommenheit. Zwischen mir und der Welt steht eine unsichtbare Wand. Es fällt mir schwer zu verstehen, was die Leute sagen; oder vielleicht, es verstehen zu wollen. Es ist so belanglos. Und doch will ich Menschen um mich haben. Ich scheue den Augenblick, wo das Haus leer steht. Wenn sie bloß untereinander reden wollten und nicht mit mir. Es gibt – völlig unerwartet – Augenblicke, da mich etwas in mir zu beschwichtigen sucht: dass es mir eigentlich nicht so viel ausmache, nicht so sehr viel. [...]
Und noch immer empfinde ich die Trauer wie Angst. Genauer vielleicht wie ein Hangen und Bangen. Wie ein Warten: wie ein Sich-herum-Drücken, bis vielleicht irgendetwas geschieht. Es macht das Leben zu einem dauernden Provisorium. Es lohnt sich nicht, irgendetwas anzufangen. Ich finde keine Ruhe. Ich gähne, ich bin zappelig, ich rauche zu viel. Bisher hatte ich immer zu wenig Zeit. Jetzt gibt es nichts als Zeit. Fast reine Zeit, leeres Nacheinander.

Clive Staples Lewis

Nur die Liebe überwindet den Tod

Unter unseren Füßen beginnt die Erde zu beben, wenn wir unserer Lage als Naturwesen auch nur einen Augenblick lang mit Bewusstsein innewerden. In ein paar Jahren schon ist das, was wir heute noch sind, wie verweht, und die Spuren, die es hinterlässt, sind bald schon nicht mehr auffindbar. Wer also sind wir? Wer meint uns wirklich? Alles, was wir menschlich erleben können, besteht darin, dass uns einzig ein Mensch an unserer Seite, der uns wirklich liebt, das Gefühl zu schenken vermag, wir seien mit unserem Dasein berechtigt, ja, notwendig, wir seien gemeint. Nur ein Mensch, der uns lieb hat, kann zu uns sagen: »Es ist gut, dass es dich gibt«, oder gar: »Ich brauche dich sehr und ich bin überglücklich über das Geschenk deines Daseins.«
Aber auch Menschen sind vergänglich, und selbst ihre Liebe ist oft genug flüchtig; dennoch ist ihre Zuneigung in den kurzen Tagen unserer irdischen Existenz wie ein Fenster, durch welches ein Licht flutet, das sich nie mehr auslöschen lässt, wenn wir es erst einmal wirklich begreifen. Wir nehmen das Wort der Liebe aus dem Munde eines Menschen an unserer Seite und fügen es ein in das Zentrum von allem, in den Schwerpunkt des Universums, an die Stätte und den Ort, aus welchem alles entsteht. Wir nennen die Liebe Gott selber, und wir begreifen mit einem Mal: alles an unserer Seite muss sein und soll sein, wenn und weil wir es lieben. So wollte Jesus, dass wir an Gott glauben: indem wir den scheinbaren Zynismus der Welt, indem wir die Gleichgültigkeit der Ordnung der Natur überwinden und dagegen die Liebe setzen. Es würde unser ganzes Leben verändern. So leicht sonst lässt sich der Tod zu einer Waffe schmieden im Kampf um das Leben, und ein jeder steht dann schon aus lauter Todesangst gegen den anderen, indem er ihm Angst macht, in den Tod gestoßen werden zu können. Es gibt nur eine Zuversicht, welche die Menschen untereinander trotz aller Todesangst zu verbinden vermag, das ist, an die Liebe zu glauben.

Eugen Drewermann

Trauer

Alles unwirklich
zerspringende Scheiben
Leben im Stillstand
keine Berührung mit der mich umgebenden Luft

Erwarten
dass in jedem Moment
scheinbar feste Mauern
zu Staub zerfallen

Atemloser Raum
der mich mitnehmen will
in eine andere Wirklichkeit

Gedanken
die alles in Frage stellen
und mich bis an die Grenze
hilflos alleine lassen

Leben
das mich sein Wesen suchen lässt
jenseits aller Tätigkeit

Regina Hagmann

Stoppt jede Uhr

Stoppt jede Uhr, lasst ab vom Telefon,
Verscheucht den Hund, der bellend Knochen frisst, die roh'n.
Lasst schweigen die Pianos und die Trommeln schlagt,
Bringt heraus den Sarg, ihr Klager klagt.

Lasst die Flieger kreisend – Trauer sei Gebot
An den Himmel schreiben: Er ist tot.
Straßentauben gebt um den Hals starre Kreppkragen,
Polizisten lasst schwarze Handschuh' tragen.

Er war mir Nord, mir Süd, mir Ost und West;
Des Sonntags Ruh' und der Woche Stress
Mein Tag, mein Gesang, meine Rede, meine Nacht.
Ich dachte, Liebe währet ewig – falsch gedacht.

Sterne sind jetzt unerwünscht, will nichts sehn davon,
Verpackt den Mond, zertrümmert die Sonn'.
Fegt weg den Wald und des Meeres Flut,
Nie wird es sein, so wie es war. Nie wieder gut.

Wystan Hugh Auden

Aus der Tiefe

Aus der Tiefe meiner Not
schreie ich zu dir.
Herr, höre mich doch!
Sei nicht taub für meinen Hilferuf!
Wenn du Vergehen anrechnen wolltest,
Herr, wer könnte vor dir bestehen?
Aber bei dir finden wir Vergebung,
damit wir dich ehren und dir gehorchen.
Ich setze meine ganze Hoffnung auf den Herrn,
ich warte auf sein helfendes Wort.
Ich sehne mich nach dem Herrn
mehr als ein Wächter nach dem Morgengrauen,
mehr als ein Wächter sich nach dem Morgen sehnt.

Nach Psalm 130

Ein Wort genügt

du schweigst so laut
dass mir die Ohren dröhnen

deine Stummheit
übertönt mein Gerede

die Stille, mit der du dich umgibst
raubt mir die Sprache

Ein Wort von dir genügt
eines nur

und die Seele gesundet
und alles wird gut

Wörter überall, Wörter ungezählt
doch dieses Wort nirgends

Nur ein Wort, sprich es
mit unhörbarer Stimme

meinen Namen oder Amen
was auch immer

im Anfang war das Wort
und auch am Ende

Georg Schwikart

Dunkle Tage

Blickt man durch einen Trauerschleier
und sollt es auch ein feiner, seidner sein,
so gleicht das Leben einer Feier,
an der man keinen Anteil hat und – bleibt allein.

Alles wird Dir dann so schwarz verdunkelt,
als drohe sich ein weitres Unglück an.
Wenn einmal ein Stern am Himmel funkelt,
so unterstellst Du Hohn und Spott ihm dann.

Jede Freude scheint Dich abzuweisen,
und alles Laute ist so platt und leer,

dass Du Dich müde sehnst nach allem Leisen,
doch alles Leise wieder drückt Dich schwer.

So wird Dir jedes Tun ein Leiden,
es führt kein Weg nach vorne, nicht zurück.
Hinterm Schleier bleiben alle Freuden,
ihn durchdringt für Dich kein Glück.

Das heißt: Du musst nun stumm ertragen,
was der Kelch des Lebens mit sich bringt,
dass man – nach all den süß durchtränkten Tagen –
ihn heute bis zur bittren Neige trinkt.

Doch bald beginnt man wieder einzuschenken –
das Leben ist so reich an starkem Wein –
und hütet sich daran zu denken:
das letzte Bittre wird das eigne Sterben sein.

Marc Arno Haunschild

Als ob nichts wäre

Aufstehen, als ob nichts wäre.
Essen, als ob nichts wäre.
Arbeiten, als ob nichts wäre.
Weitermachen, als ob nichts wäre.
Leben? Da wäre nichts.

Georg Schwikart

Man raubt mir den Rest meiner Jahre

Ich sagte: In der Mitte meiner Tage muss ich hinab zu den Pforten der Unterwelt, man raubt mir den Rest meiner Jahre. Ich sagte: Ich darf den Herrn nicht mehr schauen im Land der Lebenden, keinen Menschen mehr sehen bei den Bewohnern der Erde. Meine Hütte bricht man über mir ab, man schafft sie weg wie das Zelt eines Hirten. Wie ein Weber hast du mein Leben zu Ende gewoben, du schneidest mich ab wie ein fertig gewobenes Tuch. Vom Anbruch des Tages bis in die Nacht gibst du mich völlig preis; bis zum Morgen schreie ich um Hilfe. Ich bin in Not, Herr. Steh mir bei!

Aus dem Buch des Propheten Jesaja

Vertrauen trotz Misstrauen

Guter Gott,
in dieser Stunde des Abschieds
fühlen wir uns einsam und verlassen.
Der Zweifel nagt an uns,
der Unglaube droht uns zu überwältigen.
Der Tod rührt an den Grundfesten unseres Glaubens.
Unsere Bilder vom Himmel scheinen so naiv,
dass wir ihnen nicht trauen können.
Wir fürchten, du entziehst uns deine Gegenwart,
deine Sorge und deinen Schutz.
Wir bekennen dir unser Misstrauen,
denn größer noch ist unser Vertrauen:
dass du uns annimmst, wie wir sind,
dass du uns nie verlässt.
Auch nicht in dieser Stunde des Abschieds.
Dann wollen wir vertrauen,
dass du stärker bist als der Tod,
dass es bei dir weder Tränen noch Schmerzen gibt,
dass einmal alles gut wird bei dir,
dem unaussprechlichen, wunderbaren Geheimnis.

Georg Schwikart

Es ist alles eitel

Du siehst, wohin du siehst, nur Eitelkeit auf Erden.
Was dieser heute baut, reißt jener morgen ein:
Wo jetzt noch Städte stehn, wird eine Wiese sein

auf der ein Schäferskind wird spielen mit den Herden:
Was jetzt noch prächtig blüht, soll bald zertreten werden.
Was jetzt so pocht und trotzt, ist Morgen Asch und Bein.
Nichts ist, das ewig sei, kein Erz, kein Marmorstein.
Jetzt lacht das Glück uns an, bald donnern die Beschwerden.
Der hohen Taten Ruhm muss wie ein Traum vergehn.
Soll denn das Spiel der Zeit der leichte Mensch bestehn?
Ach, was ist all dies, was wir so köstlich achten
als schlechte Nichtigkeit, als Schatten, Staub und Wind;
als eine Wiesenblum, die man nicht wieder find't.
Noch will, was ewig ist, kein einzig Mensch betrachten.

Andreas Gryphius

Wohin sind alle meine Jahre entschwunden!

Habe ich mein Leben geträumt oder ist es wirklich gewesen? Wovon ich immer glaubte, es wäre, war das alles Wirklichkeit? Demnach habe ich geschlafen und weiß es nicht einmal. Nun bin ich erwacht, und alles, was mir einst wie meine Hand vertraut war, kenne ich nicht mehr. Die Menschen und das Land, in dem ich als Kind erzogen worden bin, die sind mir fremd geworden, gerade als sei es nicht wahr gewesen. Die meine Gespielen waren, die sind nun träge und alt. Umbrochen ist das Feld, gerodet ist der Wald. Flösse nicht das Wasser, wie es ehdem geflossen, fürwahr, ich möchte glauben, mein Leid würde wahrlich groß. Mancher grüßt mich lässig, der mich früher gut kannte. Überall ist die Welt voller Mühen und Plagen. Wenn ich an so manche herrlichen Tage zurückdenke, die mir entglitten sind wie ein Schlag ins Meer, immerdar: o weh! …

Das bekümmert mich tief, lebten wir früher doch so glücklich, dass ich jetzt mein Lachen mit Weinen vertauschen muss. Sogar die Vögel in der Wildnis trauern um uns. Ist es da ein Wunder, wenn ich mich nicht mehr freuen kann? Aber ach, was rede ich Narr schon in meiner Erregung? Wer irdischem Glück nachjagt, der hat das himmlische verloren, immerdar: o weh!

Walther von der Vogelweide

Umkehr

wenn der Schmerz groß ist
und du ihn annimmst
wie einen Bruder
wie einen Freund
werden die Dinge
hinter den Dingen
transparent.

in Angst, in Not
überlässt du die Führung
einem Anderen
und du erfährst
mit Staunen
wie deine Seele erstarkt

das ist Gnade.

Inge Ziegenhorn

Todes-Erfahrung

Wir wissen nichts von diesem Hingehn, das
nicht mit uns teilt. Wir haben keinen Grund,
Bewunderung und Liebe oder Hass
dem Tod zu zeigen, den ein Maskenmund

tragischer Klage wunderlich entstellt.
Noch ist die Welt voll Rollen, die wir spielen.
Solang wir sorgen, ob wir auch gefielen,
spielt auch der Tod, obwohl er nicht gefällt.

Doch als du gingst, da brach in diese Bühne
ein Streifen Wirklichkeit durch jenen Spalt
durch den du hingingst: Grün wirklicher Grüne,
wirklicher Sonnenschein, wirklicher Wald.

Wir spielen weiter. Bang und schwer Erlerntes
hersagend und Gebärden dann und wann
aufhebend; aber dein von uns entferntes,
aus unserm Stück entrücktes Dasein kann

uns manchmal überkommen, wie ein Wissen
von jener Wirklichkeit sich niedersenkend,
sodass wir eine Weile hingerissen
das Leben spielen, nicht an Beifall denkend.

Rainer Maria Rilke

Und die Stunde schlägt

Ach, es ist so dunkel in des Todes Kammer,
Tönt so traurig, wenn er sich bewegt
Und nun aufhebt seinen schweren Hammer
Und die Stunde schlägt.

Matthias Claudius

Was ist der Mensch?

Der Mensch ist von Geburt an schwach und hilflos,
sein Leben ist nur kurz, doch voller Unrast.
Wie eine Blume blüht er und verwelkt,
so wie ein Schatten ist er plötzlich fort. [...]
Für einen Baum gibt es noch eine Hoffnung:
Wenn man ihn fällt, dann schlägt er wieder aus.
Selbst wenn die Wurzeln in der Erde altern,
der Stumpf im Boden abstirbt und verdorrt –
er muss nur ein klein wenig Wasser spüren,
dann treibt er wieder wie ein junges Bäumchen.
Doch stirbt ein Mensch, so ist es mit ihm aus.
Wenn er gestorben ist, wo bleibt er dann?
Vielleicht geschieht's, dass Ströme nicht mehr fließen,
dass auch das Wasser aus dem Meer verschwindet;

doch tote Menschen stehen nicht mehr auf,
sie werden nie aus ihrem Schlaf erwachen.
Noch eher stürzt der ganze Himmel ein!

Aus dem Buch Hiob

Nie mehr

Den Leichnam sah ich, den Sarg, das Grab.
Man schüttelte mir mitleidig die Hand.
Doch immer noch warte ich,
dass du zur Tür hereinkommst und lächelst:
Da bin ich!

Georg Schwikart

Du

Du
gefunden
geliebt
verloren
immer noch geliebt
ewig betrauert und geliebt
Du

Christine Fleck-Bohaumilitzky

Für einen jung verstorbenen Athleten

Als du für unsere Stadt den Sieg errungen
haben Jung und Alt dir zugejubelt.
Begeistert standen sie am Wege
als wir nach Haus dich brachten
auf unseren Schultern. […]
Klug hast du dich zur rechten Zeit davongeschlichen
von den Feldern, wo der Ruhm nicht lange währt.

Früh verblühter Lorbeer
welkt schneller als die Rose. [...]
Nun wirst du nicht erleben
des Ruhms Vergänglichkeit,
wie des Läufers hohes Ansehn schwindet
und Ruhm und Ehr' sich schnell verschlissen hat
und der Name stirbt vor seinem Tod. [...]
Und auf den Kopf des jungverblich'nen Helden
heftet sich der starre Blick des Todes
und sieht, noch unverwelkt, aus frischen Blüten
ein Gebinde auf seinen kurzen Locken.

Alfred Edward Housman

Ja, ich weiß ...

Hinter zugesperrten Türen
Röchelt das Haus noch.
Ich aber soll gefasst sein.
Wie die Taufe die Wehen
Verneint,
Soll das Grab deinen Kampf,
Meine Schmerzen, deine Schreie
Ersticken.

Ja, ich weiß, die Haltung bewahren,
Den Stein bestellen,
Die Briefe schreiben ...

Es soll aber Niemand wagen
Mich trösten zu wollen.

Claudine Landgraf

Unerklärlich

Darum soll die Rede sich jeglicher Erklärung enthalten; so wie der Tod das Allerletzte ist, so soll dies das Letzte sein, das über ihn gesagt wird: er ist unerklärlich. Die Unerklärlichkeit ist die Grenze, und die Bedeutung der Aussage ist allein, dem Gedanken des Todes rückwirkende Kraft zu geben, ihn zu einem Ansporn im Leben zu machen, weil mit der Entscheidung des Todes es vorüber ist, und weil die Ungewissheit des Todes jeden Augenblick nachsieht. Die Unerklärlichkeit ist daher keine Aufforderung Rätsel zu raten, keine Einladung dazu geistreich zu sein, sondern des Todes ernste Mahnung an den Lebenden: ›ich habe keine Erklärung nötig, du bedenke, dass mit dieser Entscheidung es vorüber ist, und dass sie jeglichen Augenblick zur Stelle sein kann; siehe, dies ist für dich wohl des Bedenkens wert.‹

Sören Kierkegaard

Einem Trauernden

Die Welt ist bunt!
Und wir sind mittendrin.
Doch kann man es mitunter nicht erkennen.

Sie dreht sich rund.
Man schwindelt ohne Sinn.
Du wünschst, man würde dich mit ihr verbrennen.

Alles scheint wund.
Die Liebste ging dahin.
Es bleibt ein Schmerz – man kann ihn nicht benennen.

Marc Arno Haunschild

Schatten

Du bist ein Schatten am Tage,
Und in der Nacht ein Licht;
Du lebst in meiner Klage,
Und stirbst im Herzen nicht.

Wo ich mein Zelt aufschlage,
Da wohnst du bei mir dicht;
Du bist mein Schatten am Tage,
Und in der Nacht mein Licht.

Wo ich auch nach dir frage,
Find' ich von dir Bericht,
Du lebst in meiner Klage,
Und stirbst im Herzen nicht.

Du bist ein Schatten am Tage,
Doch in der Nacht ein Licht;
Du lebst in meiner Klage,
Und stirbst im Herzen nicht.

Friedrich Rückert

Schaukel

Komm! Komm!
Komm mir nicht zu nah.
Lass mich! Lass mich!
Lass mich nicht allein.
Deine Nähe engt mich ein.
Deine Ferne tut mir weh.
Kommst du, sag ich: Geh!

Georg Schwikart

Nie vergessen

Ich hab' es allen Büschen gesagt,
Und hab' es allen Bäumen geklagt
Und jeder grünenden Pflanze,
Und jeder Blum' im Glanze.
Und wieder von neuem klag' ich es,
Und immer von neuem sag' ich es,
Und immer haben indessen
Sie wieder mein Leid vergessen.
Vergessen bist du in diesem Raum
Von Blum' und Pflanze, Busch und Baum,
Nur nicht von diesem Herzen,
Kind meiner Wonnen und Schmerzen.

Friedrich Rückert

Mutterns Hände

Hast uns Stulln jeschnitten
un Kaffe jekocht
un de Töppe rübajeschohm –
un jewischt und jenäht
un jemacht und jedreht ...
alles mit deine Hände.

Hast de Milch zujedeckt,
uns Bonbongs zujesteckt
un Zeitungen ausjetragn –
hast die Hemden jezählt
und Kartoffeln jeschält ...
alles mit deine Hände.

Hast uns manches Mal
bei jroßen Schkandal
auch'n Katzenkopp jejeben.
Hast uns hochjebracht.

Wir wahn Sticker acht
sechse sind noch am Leben …
alles mit deine Hände.

Heiß warn se un kalt
nu sind se alt
nu bist du bald am Ende.
Da stehn wa nu hier,
und denn komm wir bei dir
und streicheln deine Hände.

Kurt Tucholsky

Ausblick ins Leben

Die Mitte der Nacht ist auch schon der Anfang eines neuen Tages.

Johannes Paul II.

Herr, lehre uns bedenken, dass wir sterben müssen, auf dass wir klug werden.

Aus Psalm 90

Du hast mein Klagelied in einen Freudentanz verwandelt,
mir statt des Trauerkleids ein Festgewand gegeben.

Aus Psalm 30

Unruhig ist unser Herz, bis es Ruhe findet in dir.

Augustinus

Das Leben ist kurz, aber doch von unendlichem Wert, denn es birgt den Keim der Ewigkeit in sich.

Franz von Sales

Dass die Freude über die Trauer siegt, ereignet sich fast jeden Tag, und doch kann man dies als Wunder verstehen.

Lars Ardelius

Schließlich kämen wir auch dem Frieden, unserem persönlichen und dem unter den Völkern, einen Schritt näher, wenn wir der Realität unseres eigenen Todes ins Auge sähen und ihn annähmen.

Elisabeth Kübler-Ross

Wenn man Krisen vorzeitig abbricht oder ihnen zu entrinnen sucht, sterben Lebenskräfte ab. Durch Krisen hindurchgehen und verstehen, was dahinter liegt – dieser Weg führt uns weiter.

Roger Schutz

Laufe nicht der Vergangenheit nach, verliere dich nicht in der Zukunft. Die Vergangenheit ist nicht mehr. Die Zukunft ist noch nicht gekommen. Das Leben ist hier und jetzt.

Buddha

Was, an der aschenen Grenze,
wird meine Augen öffnen?

Octavio Paz

Die Krise überwinden

Tritt aus dem Schatten heraus,
wage dich wieder ins Licht.

Streif den Trauer-Mantel ab,
zieh die bunten Sachen an.

Erwecke die Sehnsucht neu,
schenk deinen Träumen Flügel.

Heilen will deine Seele,
geh mutig nur Schritt für Schritt.

Du darfst dein Glück genießen,
der Zukunft kannst du trauen.

Georg Schwikart

Lebe!

Mach das Heute zum Fest!
Mit diesem Fest
beginnt der Rest,
den dir dein Dasein
noch übrig lässt
an Stunden zum Leben

Georg Schwikart

Das Werk des Menschen

Wohin läufst du? Das Leben, das du suchst, wirst du nicht finden! Als die Götter die Menschheit erschufen, teilten den Tod sie der Menschheit zu, nahmen das Leben für sich in die Hand. Du, dein Bauch sei voll, ergötzen magst du dich Tag und Nacht! Feiere täglich ein Freudenfest! Tanz und spiel bei Tag und Nacht! Deine Kleidung sei rein, gewaschen dein Haupt, mit Wasser sollst du gebadet sein! Schau den Kleinen an deiner Hand, die Gattin freu' sich auf deinem Schoß! Solcher Art ist das Werk der Menschen!

Aus dem Gilgamesch-Epos

Tod ist Geburt zu neuem Leben

Aller Tod in der Natur ist Geburt, und gerade im Sterben erscheint sichtbar die Erhöhung des Lebens. Es ist kein tötendes Prinzip in der Natur, denn die Natur ist durchaus lauter Leben; nicht der Tod tötet, sondern das lebendigere Leben, welches, hinter dem alten verborgen, beginnt und sich entwickelt. Tod und Geburt ist bloß das Ringen des Lebens mit sich selbst, um sich stets verklärter und ihm selbst ähnlicher darzustellen.

Johann Gottlieb Fichte

Schlussstück

Der Tod ist groß.
Wir sind die Seinen
lachenden Munds.
Wenn wir uns mitten im Leben meinen,
wagt er zu weinen
mitten in uns.

Rainer Maria Rilke

Anrede

Ich bin nur Flamme, Durst und Schrei und Brand.
Durch meiner Seele enge Mulden schießt die Zeit
Wie dunkles Wasser, heftig, rasch und unerkannt.
Auf meinem Leibe brennt das Mal: Vergänglichkeit.

Du aber bist der Spiegel, über dessen Rund
Die großen Bäche alles Lebens gehen,
Und hinter dessen quellend goldnem Grund
Die toten Dinge schimmernd auferstehn.

Mein Bestes glüht und lischt – ein irrer Stern,
Der in den Abgrund blauer Sommernächte fällt –
Doch deiner Tage Bild ist hoch und fern,
Ewiges Zeichen, schützend um dein Schicksal hergestellt.

Ernst Stadler

In einer beliebigen Straße

Über breit getretenen Steinquadraten
flirrt Frühlingslicht wie ein Vogel
Da höre ich deine Schritte
weit ausholend und schwingend
Wenn ich genau hinsehe

bleibt das Pflaster leer
Auf den ersten grünen Spitzen
in den Anlagen sehe ich
deinen leise entzückten Blick
aber die Sträucher werfen mir nur
die eigenen Augen-Blicke zurück
Den Gegendruck deiner Finger
verschlungen mit meinen spüren
doch meine Manteltasche
beherbergt nur eine Hand

Benita Glage

Veränderungen bestimmen das Leben

Da wir, was unsere Körper anbelangt, aus veränderlichen Elementen zusammengesetzt sind, so bestehen wir mit der Welt aus Veränderung und existieren durch Veränderung; aber, da unsere Seelen von einer anderen und edleren Natur sind, so sollten wir unsere Ruhe in einer dauerhafteren Wohnung suchen.

William Penn

Die Toten leben weiter in den Lebenden

Die Toten sind nicht tot, schon deshalb nicht, weil wir leben. Die Toten denken, sprechen und handeln; sie können raten, wollen, billigen und tadeln; alles das ist wahr, man muss es nur richtig verstehen. Alles das ist in uns.

Wir können die Toten also gar nicht vergessen, werden sie sagen; dementsprechend unnütz, an sie zu denken; an sich selber denken, heißt immer auch, an sie denken. Ganz recht; aber es kommt nur selten vor, dass man wirklich und ernsthaft an sich selber denkt. Wir sind zu schwach und zu unbeständig in unseren eigenen Augen; wir sind uns selber zu nahe; es ist nicht leicht, sich selber aus einer Perspektive zu betrachten, die die Proportionen wahrt. Welcher Liebhaber der Gerechtigkeit zum Beispiel, der ständig an die Gerechtigkeit dächte? Die Toten sehen wir umgekehrt ihrer Wahrheit gemäß, da uns die Pietät das Kleinliche vergessen lässt; und ihre Macht zu raten, die eine der wichtigsten menschlichen Wohltaten ist, kommt daher, dass sie nicht mehr da sind; denn da sein, heißt den Stößen der Welt antworten und mehr als einmal am Tag dem untreu werden, was man sich vorgenommen hat zu sein. Darum ist es durchaus sinnvoll, sich zu fragen, was die Toten wollen. Und hören Sie gut hin: die Toten wollen leben; sie wollen leben in ihnen; sie wollen, dass ihr Leben das, was sie gewollt haben, weiterentwickelt. So weisen uns die Gräber auf das Leben zurück. Unser Gedanke überspringt den bevorstehenden Winter bis zum nächsten Frühjahr und zu den ersten Blättern. Ich habe gestern einen Fliederstrauch betrachtet, der seine Blätter verlor, und ich habe Knospen daran gesehen.

Alain

Vergiss die Träume nicht!

Vergiss die Träume nicht,
wenn die Nacht wieder über dich hereinbricht
und die Dunkelheit dich wieder gefangen zu nehmen droht.
Noch ist nicht alles verloren.
Deine Träume und deine Sehnsüchte tragen Bilder der Hoffnung in sich.
Deine Seele weiß, dass in der Tiefe Heilung schlummert
und bald in dir ein neuer Tag erwacht.

Ich wünsche dir,
dass du die Zeiten der Einsamkeit nicht als versäumtes Leben erfährst,
sondern dass du beim Hineinhorchen in dich selbst noch Unerschlossenes in dir entdeckst.

Ich wünsche dir,
dass dich all das Unerfüllte in deinem Leben nicht erdrückt,
sondern dass du dankbar sein kannst für das, was dir an Schönem gelingt.

Ich wünsche dir,
dass all deine Traurigkeiten nicht vergeblich sind,

sondern dass du aus der Berührung mit deinen Tiefen auch Freude wieder neu erleben kannst.

Irischer Segen

Memento

Geliebte, willst du doppelt leben,
So sei des Todes gern gedenk,
Und nimm, was dir die Götter geben,
Tagtäglich hin wie ein Geschenk.

Mach dich vertraut mit dem Gedanken,
Dass doch das Letzte kommen muss,
Und statt in Trübsinn hin zu kranken,
Wird dir das Dasein zum Genuss.

Du magst nicht länger mehr vergeuden
Die Spanne Zeit in eitlem Hass,
Du freust dich reiner deiner Freuden
Und sorgst nicht mehr um dies und das.

Du setzest an die rechte Stelle
Das Hohe, Göttliche der Zeit,
Und jede Stunde wird dir Quelle
Gesteigert neuer Dankbarkeit.

Theodor Fontane

Gefährten oder Tod

Ein Weiser ging einmal über Land und sah einen Mann, der einen Johannisbrotbaum pflanzte. Er blieb bei ihm stehen und sah ihm zu und fragte: »Wann wird das Bäumchen wohl Früchte tragen?«
Der Mann erwiderte: »In siebzig Jahren.«
Da sprach der Weise: »Du Tor! Denkst du, in siebzig Jahren noch zu leben und die Früchte deiner Arbeit zu genießen? Pflanze lieber einen

Baum, der früher Früchte trägt, dass du dich ihrer erfreust in deinem Leben.«

Der Mann aber hatte sein Werk vollendet und sah freudig darauf, und er antwortete: »Rabbi, als ich zur Welt kam, da fand ich Johannisbrotbäume vor und aß von ihnen, ohne dass ich sie gepflanzt hätte, denn das hatten meine Väter getan. Habe ich nun genossen, wo ich nicht gearbeitet habe, so will ich einen Baum pflanzen für meine Kinder oder Enkel, dass sie davon genießen. Wir Menschen mögen nur bestehen, wenn einer dem andren die Hand reicht. Siehe, ich bin ein einfacher Mann, aber wir haben ein Sprichwort: Gefährten oder Tod!«

Jüdische Geschichte

Hoffnung

Es reden und träumen die Menschen viel
Von bessern künftigen Tagen,
Nach einem glücklichen goldenen Ziel
Sieht man sie rennen und jagen,
Die Welt wird alt und wird wieder jung,
Doch der Mensch hofft immer Verbesserung!

Die Hoffnung führt ihn ins Leben ein,
Sie umflattert den fröhlichen Knaben,
Den Jüngling locket ihr Zauberschein,
Sie wird mit dem Greis nicht begraben,
Denn beschließt er im Grabe den müden Lauf,
Noch am Grabe pflanzt er – die Hoffnung auf.

Es ist kein leerer schmeichelnder Wahn,
Erzeugt im Gehirne des Toren.
Im Herzen kündet es laut sich an,
Zu was Besserm sind wir geboren!
Und was die innere Stimme spricht,
Das täuscht die hoffende Seele nicht.

Friedrich von Schiller

Über-Leben

Weiß denn, wer Agonie erlitten,
doch den Tod im Kampf bezwang,
dass, zwar dem letzten »Aus!«, entglitten,
nun klingt bei allen seinen Schritten
im Ohr ein Hall von Abgesang?

Weiß denn, wer mit dem Tode rang
das Leben wirklich neu zu schätzen?
Man sollt' es denken, doch ich bang,
dass die Erfahrungen nicht lang
sich ins Bewusstsein setzen.

Ich weiß: Die Glieder sich verrenkt,
wer gierig nach dem Leben greift.
Ich weiß nicht, ob es einer lenkt.
Ich spüre nur, es wird geschenkt,
wenn's langsam hin zur Liebe reift.

Georg Schwikart

Der Weg des Himmels

Der Weg des Himmels ist wie ein gespannter Bogen:
Das Hohe drückt er nieder,
das Tiefe hebt er hoch.
Was zu viel ist, wird vermindert,
was zu wenig ist, wird vermehrt. [...]
Es gibt auf dieser Welt nichts Weicheres und
Schwächeres als Wasser.
Und doch vermag es die härtesten und
größten Felsbrocken zu bewegen und auszuhöhlen.
Es gibt nichts Vergleichbares.

Das Schwache überwindet das Starke
und das Weiche überwindet das Harte;

das weiß jeder auf Erden,
doch verhält sich niemand danach. [...]

Die Wahrheit klingt oft so,
als wäre sie voller Widersprüche.
Wahre Worte sind nicht schön,
schöne Worte sind nicht wahr.
Gute Worte sind nicht überzeugend,
überzeugende Worte sind nicht gut.
Der Weise ist nicht gelehrt,
der Gelehrte ist nicht weise.
Der Weise häuft nichts an.
Nachdem er alles, was er hat,
den anderen geschenkt hat,
hat er immer noch mehr,
nachdem er alles, was er hat,
den anderen gegeben hat,
ist sein Reichtum noch größer.

Nützen, ohne zu schaden,
das ist der Weg des Himmels.
Tun, ohne zu streiten,
das ist der Weg des Weisen.

Aus dem Tao-Te-King

So ist die Welt

Das dickste Buch hat eine letzte Seite.
Im Kino reißt das Licht dich aus dem Traum.
Mal hast du Geld, am Ende bist du pleite.
Ein braunes Blatt fällt lautlos ab vom Baum.

Der Apfel schrumpelt und die Milch wird sauer.
Das Reich der Römer blühte und zerfiel.
Auch Falten kriegst du bald, das Haar wird grauer.
Mit letzter Kraft kommt mancher doch zum Ziel.

Du bist schon satt, und sei es noch so lecker.
Mein Freund geht weg, und ich weiß keinen Grund.
Das Bett ist warm; um sechs Uhr piepst der Wecker.
Nicht flach ist diese Erde, sondern rund.

Der beste Wein: die Flasche will ich leeren.
Ein Flackern noch, dann ist die Kerze aus.
Die Rose welkt, sie kann sich gar nicht wehren.
Gern unterwegs, doch nun will ich nach Haus.

So ist die Welt, was soll das Lamentieren?
Ein Feuerwerk, und irgendwann ist Schluss.
Bis dahin will ich jeden Tag probieren,
was Leben heißt. – Gib mir noch einen Kuss!

Georg Schwikart

Getragen vom Vertrauen

Die Hoffnung besiegt
die Wirklichkeit:
Immer noch singen manche
Halleluja.

Georg Schwikart

Ich weiß, dass Gott, mein Erlöser lebt! Er spricht das letzte Wort hier auf der Erde. Jetzt, wo die Haut in Fetzen an mir hängt und ich kein Fleisch mehr auf den Knochen habe, jetzt möchte ich ihn sehn mit meinen Augen, ihn selber will ich sehen, keinen Fremden! Mein Herz vergeht in mir vor lauter Sehnsucht!

Aus dem Buch Hiob

Der Mensch lebt und bestehet
Nur eine kleine Zeit;
Und alle Welt vergehet
Mit ihrer Herrlichkeit.

Es ist nur Einer ewig und an allen Enden,
Und wir in Seinen Händen.

Matthias Claudius

Klage nicht Abschied, ach Abschied
wenn man ins Grab mich geleitet:
Ist mir doch selige Ankunft
Hinter dem Vorhang beschieden

Rumi

Herr, gib Frieden dieser Seele,
nimm sie auf zum ewgen Licht;
gib Erbarmen ihr und zähle,
Vater, ihre Mängel nicht.

Heinrich Bone

Vorgefühl auf das Kommende

Allmählich verwandelt das Mysterium des Lebens allen Kummer gewesener Tage in ruhige Heiterkeit. Anstelle des jugendlich heißen Blutes tritt der Friede demütigen klaren Alters. Jeden Tag preise ich den Aufgang der Sonne und mein Herz jubelt mir wie früher zu. Aber noch mehr liebe ich jetzt ihren Untergang, ihre langen schrägen Strahlen, die stille, sanfte, versöhnende Erinnerungen wachrufen, lichte Bilder aus meinem langen gesegneten Leben, und über all dem die Gerechtigkeit Gottes, die alles besänftigt, versöhnt und verzeiht. Mein Leben geht zu Ende, ich weiß und fühle es. Doch mit jedem sich neigenden Tag spüre ich auch, wie mein irdisches Leben übergeht in ein neues, unendliches, unbekanntes, zukünftiges Leben, dessen Vorgefühl meine Seele vor Entzücken erzittern lässt, meinen Geist erleuchtet, mein Herz vor Freude weinen macht.

Fjodor Dostojewski

Der Mensch ist bald vergessen

Der Mensch ist bald vergessen,
der Mensch vergisst so bald,
der Mensch hat nichts besessen,
er sterb' jung oder alt.

Der Mensch ist bald vergessen,
nur Gott vergisst uns nicht,
hat unser Herz ermessen,
wenn es in Schmerzen bricht.

Wir steigen im Gebete
zu ihm wie aus dem Tod,
sein Hauch, der uns durchwehte,
tat unserm Herzen not.

Achim von Arnim

Gewandelt, nicht genommen

In Christus erstrahlt uns die Hoffnung, dass wir zur Seligkeit auferstehen. Bedrückt uns auch das Los des sicheren Todes, so tröstet uns doch die Verheißung der künftigen Unsterblichkeit. Denn deinen Gläubigen, o Herr, wird das Leben gewandelt, nicht genommen. Und wenn die Herberge der irdischen Pilgerschaft zerfällt, ist uns im Himmel eine ewige Wohnung bereitet.

Aus der katholischen Liturgie für die Verstorbenen

Friede sei mit dir von Gott

Der Herr über Leben und Tod hat unsere Schwester/unseren Bruder in Christus aus diesem Leben abgerufen. Von Erde bist du genommen, zu Erde sollst du werden. Gott vollende an dir, was er dir in der Taufe geschenkt hat, und gebe dir Teil an seiner Herrlichkeit. Friede sei mit dir von Gott, dem Vater und dem Sohne und dem Heiligen Geiste.

Aus dem evangelischen Gottesdienst zur Bestattung

Mein sind die Jahre nicht

Mein sind die Jahre nicht, die mir die Zeit genommen.
Mein sind die Jahre nicht, die etwa möchten kommen.
Der Augenblick ist mein und nehm ich den in acht
so ist der mein, der Jahr und Ewigkeit gemacht.

Andreas Gryphius

Vom himmlischen Festmahl

Hier auf dem Zionsberg wird es geschehen: Der Herr, der Herrscher der Welt, wird für alle Völker ein Festmahl geben mit feinsten Speisen und besten Weinen, mit kräftigen, köstlichen Speisen und alten, geläuterten Weinen. Hier wird er den Trauerflor zerreißen, der allen Völkern das Gesicht verhüllt; er wird das Leichentuch entfernen, das über den Nationen liegt. Den Tod wird er für immer vernichten und von jedem Gesicht die Tränen abwischen. Dann nimmt er die Schande von seinem Volk, unter der es überall gelitten hat. Der Herr, der mächtige Gott, hat es versprochen! An jenem Tag wird man sagen: »Er, der Herr, ist unser Gott! Auf ihn hatten wir unsere Hoffnung gesetzt, und er hat uns die Rettung gebracht; wir haben nicht vergeblich gehofft. Nun können wir voll Freude singen, weil er unser Retter ist!«

Aus dem Propheten Jesaja

Wandlung

Nach deinem Tod
spürte ich dich noch lange
im Windeshauch
im Duft der Blumen
im Vogelgesang
in Dingen in denen deine Lebenskraft noch weilte
Es tröstete
Es tat so weh

Ich höre noch deine Stimme
spüre noch wie du liebend
helfend bei mir stehst
Deine Worte: Weine nicht um mich
wenn ich gegangen bin
Wir werden uns bei Gott wieder sehen
tragen mich
Ich weine nicht mehr

Jetzt kann ich mich wieder am Leben freuen
und Gott danken
dass Er dich mir schenkte
dass Er mir noch Lebenszeit mit neuen Zielen gibt
Wir werden uns bei Gott wieder sehen

Eila Kratz

Nichts kann uns trennen von Gottes Liebe

Was bleibt zu alldem noch zu sagen? Gott selbst ist für uns, wer will sich dann gegen uns stellen? Er hat seinen eigenen Sohn nicht verschont, sondern hat ihn für uns alle in den Tod gegeben. Wenn er uns aber den Sohn geschenkt hat, wird er uns dann noch irgendetwas vorenthalten? Wer kann die Menschen anklagen, die Gott erwählt hat? Gott selbst spricht sie frei. Wer kann sie verurteilen? Christus ist für sie gestorben, ja noch mehr: Er ist vom Tod erweckt worden. Er hat seinen Platz an Gottes rechter Seite. Dort tritt er für uns ein.
Kann uns noch irgendetwas von Christus und seiner Liebe trennen? Etwa Leiden, Angst und Verfolgung, Hunger oder Kälte, Gefahren für Leib und Leben oder gar die Hinrichtung? … Aber mitten in alldem triumphieren wir als Sieger mit Hilfe dessen, der uns so sehr geliebt hat. Ich bin ganz sicher, dass nichts uns von seiner Liebe trennen kann: weder Tod noch Leben, weder Engel noch Dämonen noch andere gottfeindliche Mächte, weder Gegenwärtiges noch Zukünftiges, weder Himmel noch Hölle. Nichts in der ganzen Welt kann uns jemals trennen von der Liebe Gottes, die uns verbürgt ist in Jesus Christus, unserem Herrn.

Aus dem Römerbrief

Es wandelt, was wir schauen

Es wandelt, was wir schauen,
Tag sinkt ins Abendrot,
Die Lust hat eignes Grauen,
Und alles hat den Tod.

Ins Leben schleicht das Leiden
Sich heimlich wie ein Dieb,
Wir alle müssen scheiden
Von allem, was uns lieb.

Was gäb' es doch auf Erden,
Wer hielt' den Jammer aus,
Wer möcht' geboren werden,
Hielt'st Du nicht droben Haus!

Du bist's, der, was wir bauen,
Mild über uns zerbricht,
Dass wir den Himmel schauen –
Darum so klag' ich nicht.

Joseph von Eichendorff

Bei dir bin ich sicher

O Herr, in deinem Arm bin ich sicher. Wenn du mich hältst, habe ich nichts zu fürchten. Wenn du mich aufgibst, bleibt mir keine Hoffnung mehr. Ich weiß nichts von der Zukunft, aber ich vertraue auf dich. Ich bete zu dir, dass du mir gibst, was gut ist für mich. Ich bete, dass du von mir nimmst, was meinem Heil schaden kann. Ich überlasse alles dir allein, weil du es weißt und ich nicht. Wenn du Schmerzen und Kummer über mich schickst, gib mir die Gnade, sie recht zu tragen. Bewahre mich vor Reizbarkeit und Sehnsucht. Verleihe mir, dich zu erkennen, an dich zu glauben, dich zu lieben, dir zu dienen, dir und für dich zu leben. Und lass mich sterben zu der Zeit, in der Weise, wie es deinem Ruhm am höchsten dient.

John Henry Newman

Alles wird neu

Dann sah ich einen neuen Himmel und eine neue Erde. Der erste Himmel und die erste Erde waren verschwunden und das Meer war nicht mehr da. Ich sah, wie die Heilige Stadt, das neue Jerusalem, von Gott aus dem Himmel herabkam. Sie war festlich geschmückt wie eine Braut für ihren Bräutigam. Und vom Thron her hörte ich eine starke Stimme rufen: »Dies ist die Wohnstätte Gottes bei den Menschen! Er wird bei ihnen wohnen und sie werden seine Völker sein. Gott selbst wird als ihr Gott bei ihnen sein. Er wird alle ihre Tränen abwischen. Es wird keinen Tod mehr geben und keine Traurigkeit, keine Klage und keine Quälerei mehr. Was einmal war, ist für immer vorbei.«
Dann sagte der, der auf dem Thron saß: »Gebt acht, jetzt mache ich alles neu!«

Aus der Johannes-Offenbarung

Kaddisch

Erhoben und geheiligt werde Sein großer Name auf der Welt,
die nach Seinem Willen von Ihm erschaffen wurde –
Sein Reich soll in eurem Leben in den eurigen Tagen
und im Leben des ganzen Hauses Israel schnell und in nächster Zeit erstehen.
Und wir sprechen: Amen!
Sein großer Name sei gepriesen in Ewigkeit und Ewigkeit der Ewigkeiten. Gepriesen sei und gerühmt, verherrlicht, erhoben, erhöht, gefeiert,
hocherhoben und gepriesen sei der Name des Heiligen,
gelobt sei Er, hoch über jedem Lob und Gesang,
Verherrlichung und Trostverheißung,
die je in der Welt gesprochen wurde, sprechet Amen!
Fülle des Friedens und Leben möge vom Himmel herab
uns und ganz Israel zuteil werden, sprechet Amen.
Der Frieden stiftet in seinen Himmelshöhen,
stifte Frieden unter uns und ganz Israel, sprechet Amen.

Jüdisches Gebet

Wo ich bin

Steht nicht an meinem Grab und weint, ich bin nicht da, nein ich schlafe nicht. Ich bin eine der tausend wogenden Wellen des Sees, ich bin das diamantene Glitzern des Schnees; wenn ihr erwacht in der Stille am Morgen, dann bin ich für euch verborgen, ich bin ein Vogel im Flug, leise wie ein Luftzug, ich bin das sanfte Licht der Sterne in der Nacht. Steht nicht an meinem Grab und weint, ich bin nicht da, nein ich schlafe nicht.

Lakota-Indianer

Von allen Seiten umgibst du mich,

Herr, du durchschaust mich,
du kennst mich bis auf den Grund.
Ob ich sitze oder stehe, du weißt es,
du kennst meine Pläne von ferne.
Ob ich tätig bin oder ausruhe, du siehst mich;
jeder Schritt, den ich mache, ist dir bekannt.
Noch ehe ein Wort auf meine Zunge kommt,
hast du, Herr, es schon gehört.
Von allen Seiten umgibst du mich,
ich bin ganz in deiner Hand.
Dass du mich so durch und durch kennst,
das übersteigt meinen Verstand;
es ist mir zu hoch, ich kann es nicht fassen.

Wohin kann ich gehen, um dir zu entrinnen,
wohin fliehen, damit du mich nicht siehst?
Steige ich hinauf in den Himmel – du bist da.
Verstecke ich mich in der Totenwelt – dort bist du auch.
Fliege ich dorthin, wo die Sonne aufgeht,
oder zum Ende des Meeres, wo sie versinkt:
auch dort wird deine Hand nach mir greifen,
auch dort lässt du mich nicht los. [...]

Du hast mich geschaffen mit Leib und Geist,
mich zusammengefügt im Schoß meiner Mutter. [...]
Ich war dir nicht verborgen,
als ich im Dunkeln Gestalt annahm,
tief unten im Mutterschoß der Erde.
Du sahst mich schon fertig,
als ich noch ungeformt war. [...]

Wie rätselhaft sind mir deine Gedanken, Gott,
und wie unermesslich ist ihre Fülle!
Sie sind zahlreicher als der Sand am Meer.
Nächtelang denke ich über dich nach
und komme an kein Ende. [...]

Aus Psalm 139

Herbst

Die Blätter fallen, fallen wie von weit,
als welkten in den Himmeln ferne Gärten;
Sie fallen mit verneinender Gebärde.

Und in den Nächten fällt die schwere Erde
aus allen Sternen in die Einsamkeit.

Wir alle fallen. Diese Hand da fällt.
Und sieh dir andre an: es ist in allen.

Und doch ist Einer, welcher dieses Fallen
unendlich sanft in seinen Händen hält.

Rainer Maria Rilke

Ich gebe mich hinein

Ein Mensch, der an Gott glaubte,
als er sterben musste,
der hat auf dem Totenbett zu seiner Frau gesagt:
»Höre mir zu, ganz still:
Es geht mit mir zu Ende. Ich weiß es.
Ich gebe mich hinein.
Und wenn ich denke, was danach kommt,
so weiß ich eins gewiss:
Ich werde nicht vergehen.
Ich werde geborgen sein.
Bei Gott. In Gottes Hand.
Das ist nicht wenig. Das ist viel.
Mehr kann ich nicht wissen.
Mehr will ich auch nicht wissen.«

Dietrich Steinwede

Eintauchen in deine Gegenwart

Funkelndes Feuerwerk,
bizarre Formen und Farben,
die Nacht wird zum Tag.
Duft von Lavendel und Salbei,
von Rosen und Weihrauch.
Frühlingswärme. Sanftes Streicheln
auf meiner Haut.
Der Geschmack eines Festes, mal zart, mal deftig
zur Musik, die mich tanzen lässt.
Lachen, fröhliches Lachen
aus dem Zwerchfell heraus.
Keine Tränen mehr, nie mehr.
Keine Angst mehr, vor nichts und niemand.
Verzweiflung verblasst.
Der Schmerz, von Heilung besiegt.
Nicht mehr Abschied, nur Wiedersehen.

Heimkehr: zu Hause, endlich zu Hause.
Ich fühle mich wie im Himmel …

Sei bedankt, vielmals bedankt, für diese Ahnung,
die weiterzieht, wenn ich ermüde,
diese Ahnung, wie es sein wird, wenn ich
eintauche in deine Gegenwart.

Georg Schwikart

Gute Reise

Da hat einer seine letzte Reise angetreten, sagen wir manchmal, wenn jemand gestorben ist. Ein schönes Bild, denn gerade die verschiedenen Stationen einer Reise können uns bewusst machen, dass unser ganzes Leben mit all seiner Mühe und Arbeit ein einziges Unterwegsein ist. Nur ab und zu ist uns kurze Rast gegönnt, dann ziehen wir weiter. Aber am Ende lockt ein Ziel, herrlicher als alle Katalogparadiese.
Für diese Reise dann, bei der wir die letzte Grenze überschreiten werden, brauchen wir keinen Pass verlängern zu lassen, nicht einmal einen Koffer zu packen. Auch ein Ticket zu lösen, ist nicht nötig. Es kann natürlich sein, dass wir die Reise spontan antreten müssen, wie ein Last-Minute-Angebot. Sorgen wir uns dann nicht um die Dinge, die wir eigentlich noch erledigen wollten.
Schließlich werden wir erwartet.

Georg Schwikart

Mondnacht

Es war, als hätt der Himmel
Die Erde still geküsst,
Dass sie im Blütenschimmer
Von ihm nun träumen müsst.

Die Luft ging durch die Felder,
Die Ähren wogten sacht,

Es rauschten leis die Wälder,
So sternklar war die Nacht.

Und meine Seele spannte
Weit ihre Flügel aus,
Flog durch die stillen Lande,
Als flöge sie nach Haus.

Joseph von Eichendorff

Schenke glücklichen Frieden

Gott, du Unbegreiflicher, segne dieses Grab,
in das wir den Leichnam von N. N. gegeben haben.
N. N. hat sich mit dem Leben nicht immer leicht getan.
Empfange sie/ihn freundlich bei dir,
in deiner guten Welt,
in der jeder angenommen ist, wie er ist.
Schenke N. N. jenen glücklichen Frieden,
den sie/er auf Erden nicht gefunden hat.
Uns aber öffne Augen, Ohren und Herzen füreinander,
damit wir schon hier und heute bereit sind,
aufeinander zuzugehen und einander das Dasein zu erleichtern.
Amen.

Georg Schwikart

Mitten im Leben

Mitten wir im Leben sind
Mit dem Tod umfangen.
Wen suchen wir, der Hilfe tu,
Dass wir Gnad erlangen?
Das bist du, Herr, alleine.
Uns reuet unser Missetat,
Die dich, Herr, erzürnet hat.
Heiliger Herre Gott,

Heiligen starker Gott,
Heiliger barmherziger Heiland, du ewiger Gott,
Lass uns nicht versinken in des bittern Todes Not.
Kyrieleison.

Aus dem 9. Jahrhundert

Ältestes überliefertes christliches Bestattungsgebet

Herr Gott, du hast Macht über Leben und Tod.
Du tröstest und machst lebendig,
führst ins Reich des Todes und wieder heraus.
Du hast den Menschen geschaffen
und ziehst deine Gläubigen zu dir, dass sie Ruhe finden.
Deine Geschöpfe wandelst du und gibst ihnen eine neue Gestalt,
du allein aber bist unveränderlich und ewig.
Wir bitten dich für N. N.:
Lass sie/ihn ruhen in Frieden und erwecke sie/ihn am Tage,
den du bestimmt hast nach deiner Verheißung.
Gib ihr/ihm Anteil an den ewigen Freuden.
Gedenke nicht ihrer/seiner Sünden
und gib, dass ihr/sein Ausgang voll Friede sei.
Heile die Trauer der Lebenden durch deinen tröstlichen Geist
und schenke uns allen ein seliges Ende
durch Jesus Christus, deinen Sohn.

Serapion von Thmuis

Ich werfe meine Trauer an deinen Himmel

Mein Gott,
ich werfe meine Trauer an deinen Himmel
hier unten zerreißt sie mich
und ich finde keine Antwort

ich werfe meine Trauer an deinen Himmel
sie nimmt mir alle Lebendigkeit

und ich höre mein Herz
nur noch schreien

ich werfe meine Trauer an deinen Himmel
nimm zurück
was ich hier auf Erden
nicht verstehen kann

ich werfe meine Trauer an deinen Himmel
und ich flehe dich an
nicht um zu verstehen
sondern um getragen zu sein von dir
Amen

Regina Hagmann

Ich ahne, dass es Zeit braucht

Mein Gott,
ich ahne,
dass es Zeit braucht,
dass nicht ich es bin,
die wachsen und reifen lässt
So halte ich dir hin mein Festhalten
und bitte dich um Geduld

Ich ahne,
mein Gott,
dass es Zeit braucht,
bis die Schritte größer werden
und die Flügel wachsen
So halte ich dir hin meine Erwartungen
und bitte dich um Liebe

Ich ahne,
mein Gott,
dass es Zeit braucht,

dass Veränderung nicht über Nacht geschieht
So halte ich dir hin meine Sehnsucht
und bitte dich um Gelassenheit

Amen

Regina Hagmann

Sei mir gegrüßt, o Ewigkeit!

Doch still, mein Herz, was soll dein Pochen?
O Tod, du kommst zur rechten Zeit!
Das Schwert der Trübsal liegt zerbrochen …
Sei mir gegrüßt, o Ewigkeit!
Beim Frühling hab ich tausendkehlig
Ein Lerchengrablied mir bestellt:
So sterb ich jubelnd, sterb ich selig –
O Gott, wie schön war Deine Welt!

Arno Holz

Über das Sterben

Wie es sein wird, wenn wir die Grenze dieses Lebens betreten haben, wenn sein letzter Atemzug vorbei ist – wer kann es sagen? Dass alles, was göttlich ist, nicht untergehen kann, ist gewiss: geht doch nicht einmal ein Sandkorn verloren, nicht einmal ein Wassertropfen, wir wissen es und wir sehen es, dass beides nicht Nichts werden könne, sondern dass es nur die Gestalt wechselt, was wir ja auch tun, nur langsamer und nicht so sichtlich, wie es bei einem Wassertropfen oft der Fall ist, der als Dunst in die flüssige Luft geht. Das Sterben ist wie das Geborenwerden für uns die erste auffällige Veränderung. Bei der Geburt sehen wir plötzlich den neuen Menschen, wir glauben ihn in dem Augenblicke entstanden, weil er für unser Auge da ist; aber der Beginn seiner Entstehung liegt anderswo, und ist so unscheinbar und klein, dass ihn kein menschliches Werkzeug der Wissenschaft entdecken kann. Könnte es mit dem Sterben nicht auch so sein? Nur ein Augenblick des Sterbens ist für uns sichtbar, das Aufhören des Atmens. Stirbt der Mensch nicht unausgesetzt Jahre lang vor seinem Tode, ja, seit seiner Geburt – und lebt er nicht noch nach dem Aufhören des Atmens, wer weiß wie lange? Dies gilt sogar von dem allmählichen Übergange des bloßen Stoffes. Was in uns denkt, fühlt, liebt, hasst, Gott anbetet, ins Jenseits übergreift, ist sogar ein ganz und gar Unwandelbares, und kann nur mehr nur minder von Einflüssen gehemmt oder gefördert werden. Es ist, wir können sein Nichtsein nicht denken und heißen es in höchster Fülle Gott. Wie dasselbe ohne menschlichen Körper ist, können wir nicht fassen, weil wir nur durch den Körper fassen, wie der, welcher von einer Seite eines Berges sieht, nie, solange er sich dort befindet, sehen kann, was hinter dem Rücken des Berges ist; aber was auch sein möge hinter jener Grenze, die unsere Augen schließt: es ist das Beste, Herrlichste und Weiseste, dessen dürfen wir gewiss sein, das lehrt das Stück Leben, welches wir Diesseits nennen, hinreichend, unsere Vernunft kann es nicht anders vorstellen, und Gott wäre nicht Gott, wenn es anders wäre.

Adalbert Stifter

Wir sind nur Gast auf Erden

Wir sind nur Gast auf Erden und wandern ohne Ruh
mit mancherlei Beschwerden der ewigen Heimat zu.

Die Wege sind verlassen, und oft sind wir allein.
In diesen grauen Gassen will niemand bei uns sein.

Nur einer gibt Geleite, das ist der Herre Christ;
er wandert treu zur Seite, wenn alles uns vergisst.

Gar manche Wege führen aus dieser Welt hinaus.
O, dass wir nicht verlieren, den Weg zum Vaterhaus.

Und sind wir einmal müde, dann stell ein Licht uns aus,
o Gott, in deiner Güte; dann finden wir nach Haus.

Georg Thurmair

Zum Paradies

Zum Paradies mögen Engel dich geleiten,
die heiligen Märtyrer dich begrüßen und
dich führen in die heilige Stadt Jerusalem.
Die Chöre der Engel mögen dich empfangen,
und durch Christus, der für dich gestorben,
soll ewiges Leben dich erfreuen.

Altes Gebet für einen Verstorbenen

Musikvorschläge zur Auswahl

Bei den Spielzeiten in Klammern handelt es sich um ungefähre Angaben in Minuten. Ein zu langes Stück kann auch behutsam ausgeblendet werden.

Alte und neue Klassik

Albinoni, Tomaso (1671–1751): Adagio g-Moll für Orgel und Streicher (8:30)
Bekanntestes Werk des venezianischen Barockkomponisten; sehr häufig gewünscht und gespielt. Der Länge wegen als Eingangs- oder Auszugsmusik zu verwenden.

Bach, Johann Sebastian (1685–1750): Air (5:00)
2. Satz der Orchestersuite Nr. 3 D-Dur BWV 1068.
Langsames, melodiöses Stück zum Mitsummen; Wohlfühlmusik mit hohem Wiedererkennungseffekt; ebenfalls ein Wunschkonzertfavorit.

Bach, Johann Sebastian: Largo ma non tanto (7:15)
2. Satz des Konzerts für zwei Violinen, Streicher u. Basso continuo d-Moll BWV 1043.
Melodiös und tröstlich, zur Einstimmung oder zum Auszug gleichermaßen gut geeignet.

Bach, Johann Sebastian: Jesu bleibet meine Freude (2:40)
Choral aus der gleichnamigen Kantate BWV 147.
Eingängig, fast beschwingt; in zahlreichen Bearbeitungen von Panflöte bis Popsong erhältlich. Instrumentalfassung auch bei nicht-religiösen Feiern einsetzbar.

Bach, Johann Sebastian: Sinfonia (2:30)
Aus der Kantate BWV 156: »Ich steh mit einem Fuß im Grabe«.
Besinnliches Stück; gute Einstimmung in die Feier.

Barber, Samuel (1910–1981): Adagio for Strings (7:30)
Elegisch und introvertiert; durch den Film »Der Elefantenmensch« und die Trauerfeiern anlässlich des 11. September populär gewordenes Streicherstück des amerikanischen Komponisten.

Beethoven, Ludwig van (1770–1827): 2. Satz der Klaviersonate Nr. 8 c-Moll, op. 13 »Pathétique«, Adagio cantabile (5:00)
Sanfte, beruhigende Klavierklänge, gute Einstimmung in die Feier.

Beethoven, Ludwig van: 1. Satz der Klaviersonate Nr. 14 cis-Moll, op. 27 Nr. 2 »Mondschein-Sonate«, Adagio sostenuto (6:00)
Feierlich-ernste Totenklage, inspiriert durch Mozarts »Don Giovanni«.

Beethoven, Ludwig van: Trauermarsch (4:40)
Aus dem 2. Satz der Symphonie Nr. 3 Es-Dur, op. 55 »Eroica«.
Länge des gesamten Satzes: ca. 17 Minuten. Doch lässt sich die Exposition allein verwenden (etwa die ersten fünf Minuten); einer der bekanntesten Trauermärsche überhaupt; sehr feierlich und würdevoll.

Bernstein, Leonard (1918–1990): Somewhere (3:00)
Aus dem Musical »West Side Story«.
Schlussgesang der Musical-Tragödie: »There's a place for us, a time and place for us ... somewhere ...« Der Text spricht besonders Jugendliche an, die um Altersgenossen trauern. Auch in Instrumentalversionen verfügbar.

Brahms, Johannes (1833–1897): Selig sind, die da Leid tragen (11:30)
Aus »Ein deutsches Requiem«, op. 45.
Erster Satz des Brahms-Requiems. Beruhigende, tröstliche Chormusik. Der Länge wegen als Eingangs- oder Auszugsmusik zu verwenden. Gleiches gilt für weitere Sätze dieses Requiems.

Bruch, Max (1838–1920): Adagio aus dem 2. Satz des Violinkonzerts Nr. 1 in g-Moll, op. 26 (4:30)
Zärtlich und wehmütig, aber auch tröstlich; sehr eingängige Melodik. Etwa die erste Hälfte des Satzes (gesamte Länge: ca. 8:30) verwenden.

Chopin, Frédéric (1810–1849): Trauermarsch (Marche funèbre) (9:00)
3. Satz (Lento) der Klaviersonate Nr. 2 in b-Moll, op. 35 »mit dem Trauermarsch«
Weltbekannter Trauermarsch; berühmt durch Staatsbegräbnisse; hoher Wiedererkennungseffekt. Der Länge wegen am besten als Auszugsmusik geeignet.

Dvořák, Antonín (1841–1904): Auszug aus dem 2. Satz der Symphonie Nr. 9 e-Moll, op. 95 »Aus der Neuen Welt«, Largo (4:50)
Volksliedhaft und besinnlich, mit zartem Englischhornsolo. Musik, die zu Abschied und Heimkehr passt, ohne zu stark aufzuwühlen. Satzanfang (ca. die ersten fünf Minuten) verwenden.

Elgar, Sir Edward (1857–1934): Nimrod (3:10)
Nr. IX der »Enigma Variations«, op. 36.
Ruhig und melodiös, Gelassenheit schenkend, friedlich verklingend.

Fauré, Gabriel (1845–1924): Pie Jesu (3:40)
Aus dem Requiem, op. 48.
»So sehe ich den Tod: als freudige Befreiung, als Streben nach dem Glück im Jenseits, weniger als schmerzvolle Reise« (Fauré). Klangschön und tröstlich.

Finzi, Gerald (1901–1956): Eclogue for piano and strings, op. 10 (10:50)
Andante semplice, für Klavier und Streichorchester.
Der langsame Satz eines unvollendeten Klavierkonzerts. Zurückhaltend und beschaulich, der Länge wegen eher für den Schluss der Feier geeignet.

Górecki, Henryk Mikolaj (geb. 1933): 2. Satz der Symphonie Nr. 3, op. 36 »Symphonie der Klagelieder«, Lento e largo (9:24)
Enthält den Text eines Gebets, das eine polnische Gefangene an die Wand ihrer Gestapo-Zelle geschrieben hat. In den 1990er-Jahren war diese Auftragskomposition aus dem Jahr 1976 lange Zeit sogar ein Pop-Hit. Statisch, getragen, der Länge wegen zur Einstimmung oder für den Schluss geeignet.

Gounod, Charles (1818–1893): Ave Maria (3:30)
Auf der Grundlage des Präludiums Nr. 1 C-Dur aus Bachs Wohltemperiertem Klavier. Lateinisch gesungen.
Als »Ave Maria von Bach-Gounod«, längst zum Wunschkonzert-Schlager geworden. Auch in Instrumentalversionen verfügbar. Trotzdem bei nicht-religiösen Feiern nur nach Absprache einsetzen.

Grieg, Edvard (1843–1907): Morgenstimmung (4:00)
Aus »Peer Gynt«, Musik zu dem Schauspiel von Henrik Ibsen, Suite Nr. I, op. 46, Nr. 1.
Beliebter Klassik-Hit; auch aus der Fernsehwerbung bekannt; idyllische, zuversichtlich stimmende Klänge, die Assoziationen an Himmel und Auferstehung wecken.

Grieg, Edvard: Ases Tod (4:45)
Aus »Peer Gynt«, Suite Nr. I, op. 46, Nr. 2.
Ergreifende, schwermütige Totenklage, die dazu ermutigt, die Trauer zuzulassen.

Händel, Georg Friedrich (1685–1759): Ich weiß, dass mein Erlöser lebt (10:30)
Nr. 40 (Air, Sopran) »I know that my Redeemer liveth«, aus dem dritten Teil des Oratoriums »Der Messias«.
Der Länge wegen als Eingangs- oder Auszugsmusik zu verwenden.

Händel, Georg Friedrich: La Paix – Der Frieden (3:20)
Largo alla Siciliana aus der »Feuerwerksmusik«.
Heiter-besinnliche, anmutige Festmusik mit tänzerischem Rhythmus.

Händel, Georg Friedrich: Largo (3:00)
Eigentlich Arie des Xerxes aus dem 1. Akt der Oper »Xerxes«: »Ombra mai fù« (»Welch schattig Grün«).
Auch in der Instrumentalversion ein Wunschkonzertfavorit; gerne gehört, sehr oft verlangt.

Mahler, Gustav (1860–1911): Adagietto (10:00)
Vierter Satz der Symphonie Nr. 5.
Durch den Kultfilm »Tod in Venedig« zum beliebten Trauerstück geworden; ruhig, zärtlich und besinnlich; der Länge wegen zur Einstimmung oder als Auszugsmusik zu verwenden.

Mahler, Gustav: Urlicht (5:30)
Lied aus »Des Knaben Wunderhorn«; auch als Altsolo im 4. Satz der Symphonie Nr. 2 »Auferstehungs-Symphonie«.
Schlichtes und anrührendes kindliches Bekenntnis: »Ich bin von Gott und will wieder zu Gott«. Zurückhaltend religiös, sehr tröstlich.

Mendelssohn-Bartholdy, Felix (1809–1847): 2. Satz des Violinkonzerts e-Moll op. 64, Andante (8:00)
Gefühlvoll und zart, anrührend, aber ruhig. Zur Einstimmung oder als Auszugsmusik zu verwenden.

Mendelssohn-Bartholdy, Felix: Trauermarsch (3:30)
Andante maestoso in e-Moll, op. 62 Nr. 3 aus den »Liedern ohne Worte«. Eigentlich für Klavier solo geschrieben, anspruchsvolles Stück mit geringem Bekanntheitsgrad.

Mozart, Wolfgang Amadeus (1756–1791): 2. Satz des Klarinettenkonzerts A-Dur KV 622, Adagio (7:30)
Durch den Film »Jenseits von Afrika« und durch Fernsehwerbung zum Klassik-Hit geworden; Geborgenheit vermittelnd und beruhigend. Der Länge wegen als Eingangs- oder Auszugsmusik zu verwenden.

Mozart, Wolfgang Amadeus: Ave verum corpus KV 618 (3:30)
Chormusik, populärer Klassik-Hit, in zahlreichen Bearbeitungen verbreitet. Bei nicht-religiösen Feiern nach Absprache verwendbar.

Mozart, Wolfgang Amadeus: Introitus »Requiem aeternam« aus dem Requiem KV 626 (5:00)
Feierliche, würdevolle Einleitung zur lateinischen Totenmesse, auch bei nicht-religiösen Feiern nach Absprache geeignet, am besten zur Einstimmung.

Mozart, Wolfgang Amadeus: Maurerische Trauermusik KV 477 (6:30)
Für die Totenfeier zweier adliger Freimaurer-Logenbrüder schrieb Mozart diese noble weltliche Trauermusik, die die Balance zwischen klassischer Zurückhaltung und romantischer Ergriffenheit hält.

Piazzola, Astor (1921–1992): Jorge Adios (4:00)
Melancholisches Abschiedslied des argentinischen Komponisten im Rhythmus eines Tango.

Piazzola, Astor: Ave Maria (6:30)
Anrührendes Lied an Maria. Instrumentalfassung mit Akkordeon als Hauptinstrument generell einsetzbar; gesungen mit Text (etwa von Milva) nur nach vorheriger Absprache.

Pachelbel, Johann (1653–1706): Canon in D-Dur (4:30)
Beliebtes Stück von simpler Struktur und Harmonik; daher sehr beruhigend. In verschiedenen Versionen verfügbar (für Orgel, für Kammerorchester).

Henry Purcell (1659–1695): If love's a sweet passion, why does it torment? (3:00)
Einleitung zum 3. Akt der Oper »The Fairy Queen«.
Beschaulich und anmutig, Gesang der Elfen aus einer barocken Opernversion von Shakespeares »Sommernachtstraum«.

Rodrigo, Joaquin (1902–1999): Españoleta y Fanfare de la Caballería de Nápoles. Adagio – Allegretto (9:00)
2. Satz der »Fantasia para un gentilhombre« für Gitarre und Orchester. Adagio (Anfang): etwa 4:30 Minuten.
Melodik in Anlehnung an das 17. Jahrhundert; zurückhaltendes, beruhigendes Gitarrenkonzert, gute Einstimmung in die Feier.

Saint-Saëns, Camille (1835–1921): Der Schwan (3:30)
Nr. 13 aus: »Der Karneval der Tiere«.
Graziöses, süßliches Cello-Bravourstück; der bekannteste Teil aus dem musikalischen Bilderbuch.

Schubert, Franz (1797–1828): Ave Maria (5:00)
Genauer Titel: Ellens Gesang III G-Dur (»Ave Maria, Jungfrau mild, erhöre einer Jungfrau Flehen«) für Singstimme und Klavier, op. 52 Nr. 6, D 839. Deutsch gesungen.
Kein »Ave Maria« im engeren Sinne, sondern die Vertonung eines Gedichts nach Sir Walter Scott. Trotzdem ebenso populärer Wunschkonzert-Hit wie das Gegenstück von Gounod.

Schubert, Franz: Sanctus (Nr. 5) »Heilig, heilig, heilig«, aus: Deutsche Messe F-Dur, D 872 (3:00)
Volksliedhafter, beruhigender Chorgesang, zum Mitsummen geeignet.

Schubert, Franz: Streichquartett d-Moll D 810 »Der Tod und das Mädchen«, 2. Satz, Andante con moto (15:00)
Zur Einstimmung oder zum Auszug sind etwa die ersten ca. sieben Minuten geeignet (danach Steigerung der Dramatik, evtl. ausblenden). Melodiös, ruhig und etwas melancholisch.

Schubert, Franz: Streichquintett C-Dur D 956, 2. Satz, Adagio (16:00)
Die ersten ca. sechs Minuten (evtl. danach ausblenden) sind sehr ruhig und meditativ. Besonders zur Einstimmung geeignet.

Schubert, Franz: Symphonie Nr. 8 h-Moll D 759 »Unvollendete«, 2. Satz, Andante con moto (12:00)
Etwas melancholisch, stellenweise Steigerung, aber insgesamt spannungslösend, beruhigend und tröstlich. Der Länge wegen zur Einstimmung oder als Auszugsmusik zu verwenden.

Sibelius, Jean (1865–1957): Der Schwan von Tuonela, op. 22 Nr. 3 (7:30)
Symphonische Dichtung; basierend auf einem Sagenmotiv. Tuonela heißt das Totenreich in der finnischen Mythologie. Ein Schwan beherrscht den Fluss, der es umgibt.
Zarte Streicher-, Harfen- und Englischhornklänge versetzen in ruhige Trauer.

Strauss, Richard (1864–1949): Beim Schlafengehen (5:00)
Aus: Vier letzte Lieder.
Vertonung des Gedichts mit gleichem Titel von Hermann Hesse. Ruhig und tröstlich, zart und verhalten, erleichtert das Loslassen.

Strauss, Richard: Im Abendrot (6:30)
Aus: Vier letzte Lieder.
Vertonung des Gedichts mit gleichem Titel von Joseph von Eichendorff. Ruhig und tröstlich, versöhnt mit Sterblichkeit und Abschiednehmen.

Tschaikowsky, Pjotr Iljitsch (1840–1893): 1. Satz der »Pathétique« (10:00)
Symphonie Nr. 6 in h-Moll, op.74, komponiert 1893, eine Art symphonisches Requiem
Der Anfang des Satzes (Gesamtdauer ca. 18 Minuten) enthält eine volksliedhafte Melodie, die tief bewegt. Auch in Bearbeitungen verbreitet. Der Länge wegen als Eingangsmusik geeignet; ausblenden.

Wagner, Richard (1813–1883): Isoldes Liebestod »Mild und leise« (7:15)
Isoldes Schlussmonolog aus der Oper »Tristan und Isolde«.
Auch in der Instrumentalfassung ohne Gesang fesselnde, ergreifende Musik von Liebe, Tod und Verklärung.

Wagner, Richard (1813–1883): Trauermarsch (6:30)
Aus der Oper »Götterdämmerung«.
Erschütternde Totenklage, die sich nicht scheut, die Tragik eines schweren Verlustes nachzuempfinden; wuchtig, aber auch mit feinfühligen Momenten.

Populäres

Harold Arlen/E. Y. Harburg: [Somewhere] Over the Rainbow (5:20)
Großer, gefühlvoller Hit, von zahlreichen Sängern interpretiert und auch in einer Fassung ohne Text anrührende Musik.

Louis Armstrong: We Have All The Time In The World (4:00)
Louis Armstrongs letzte Aufnahme; Song aus dem Film »On Her Majesty's Secret Service«. Die immer gültige Botschaft: Die Liebe ist stärker als der Tod.

Louis Armstrong: What a Wonderful World (3:50)
Optimistischer Lobgesang auf die Schöpfung, auf Bäume und Blumen, Himmel und Wolken; in zahlreichen Interpretationen bekannt geworden, am besten mit »Satchmo«.

The Beatles: Yesterday (2:05)
Längst ein Klassiker: Gestern war alles anders; man möchte die Uhr auf die Zeit vor dem traurigen Ereignis zurückstellen. Auch in vielerlei Instrumentalversionen verbreitet, sogar »barockisiert«.

The Beatles: Let It Be (4:00)
Wehmütiger Abschiedsgesang mit tröstlicher Botschaft für alle Menschen mit gebrochenem Herzen: »Lass es sein«, »Nimm es hin.«

Andrea Bocelli/Sarah Brightman: Time to Say Goodbye (4:20)
Ursprünglich italienisch: »Con te partirò«, 1997 als Abschiedsgesang für den Boxer Henry Maske zum Hit geworden.

Jacques Brel: La chanson des vieux amants (4:27)
Gefühlvolles Liebeslied über eine langjährige Beziehung, die viele Stürme überstanden hat.

Jacques Brel: Voir un ami pleurer (3:53)
Lied über das, was schlimmer ist als alles andere: einen Freund weinen zu sehen.

Eric Clapton: Tears in Heaven (4:20)
Melodiöses und trauriges Lied von dem Sänger, der seinen verstorbenen Sohn fragt: Wirst du mich im Himmel wiedererkennen?

Celine Dion: My Heart Will Go On (4:50)
Sentimentales Lied aus dem Film »Titanic«.

Kenny G: Pastel (5:40)
Soft-Jazz, bewegt, leicht eingängig.

Al Green: Ain't No Sunshine When She's Gone (3:40)
Gefühlvolles Liebeslied.

Herbert Grönemeyer: Der Weg (3:52)
Packendes Lied; einfache Melodie, wirkt durch den Text, in dem der Sänger seiner verstorbenen Frau Wertschätzung ausdrückt.

Trude Herr mit Wolfgang Niedecken und Tommy Engel: Niemals geht man so ganz (5:20)
Stark emotionalisierend, in der Botschaft tröstlich.

Elton John: Candle in the Wind (3:50)
Ursprünglich Hymne an die »Königin der Herzen«, Prinzessin Diana, doch auch für andere Verstorbene gern gewählt.

The Judds: Love Can Build a Bridge (3:50)
Zartes Liebeslied.

Ronan Keating: If Tomorrow Never Comes (3:30)
Gefühlvoller Pop-Hit.

Shane McGowan and the Popes: You're the One (3:30)
Gefühlvolles Liebeslied.

Pat Metheny: James (6:50)
Beruhigender Soft-Jazz, leicht eingängig.

Reinhard Mey: Eh' meine Stunde schlägt (3:30)
Versöhnlich stimmend: der Liedermacher preist das pralle Leben, das er noch genießen möchte, ehe er stirbt.

Reinhard Mey: Über den Wolken (3:08)
Heiter und besinnlich zugleich, weitbekannt, erzeugt in der Trauerfeier neue Assoziationen.

Bette Midler: The Rose (3:30)
Gefühlvolles Liebeslied.

Xavier Naidoo: Dieser Weg (3:55)
Der Refrain des getragenen Rapper-Liedes passt zur Bestattung: »Dieser Weg wird kein leichter sein, dieser Weg ist steinig und schwer.«

Stefan Nilsson: Gabriella's Song (3:18)
Im ergreifenden Lied aus dem schwedischen Kinofilm »Wie im Himmel« (Så som i himmelen) singt die arme, gebeutelte Gabriella »Ich will leben«. Als Pianoversion – ohne schwedischen Originaltext – eine Musik, die das Herz öffnet, ohne sentimental zu sein.

David Qualey: A Childhood's Dream (4:30)
Leicht und beschwingt, wie der Titel schon sagt; instrumentale Gitarrenmusik.

David Qualey: A Prayer (3:00)
Meditative Gitarrenmusik, instrumental.

Gerhard Schöne: Ich bin ein Gast auf Erden (3:50)
Jazzversion des alten Kirchenliedes mit modernem Text.

Gerhard Schöne: Liebes Leben, Danke (5:30)
Mal zarte, mal schwungvolle Hymne auf das Leben, nach dem Lied »Gracias a la vida« der chilenischen Musikerin Violeta Parra.

Frank Sinatra: My Way (4:40)
Die musikalische »Visitenkarte« des großen Entertainers mit der Botschaft: Ich habe mein Leben gelebt, mit mir selbst im Einklang.

Cat Stevens: If You Want to Sing Out, Sing Out (2:40)
Einfaches Lied mit großer Botschaft: Tu, was dir gut tut. Aus dem Film »Harold and Maude«.

Barbara Streisand: A Piece of Sky (4:19)
Schlusslied des bekannten Films »Yentl«; in positive Stimmung versetzend.

Herman van Veen: Alles was ich hab (2:10)
Besinnliches Lied über die Vergänglichkeit allen Habens. Bedarf der Einführung, weil der Sänger von sich selbst spricht.

Herman van Veen: Eine kleine Frist (3:10)
Besinnliches Lied über die Zeit, die alles verändert.

Herman van Veen: Für Marie Louise (4:30)
Melancholisches Liebeslied.

Tom Waits: Tom Traubert's Blues (6:40)
Zelebrierte Schwermut spricht aus diesem wundervollen Liebeslied.

Andrew Lloyd Webber: Memory (3:50)
»Erinnerung«; Song der Grizabella aus dem Musical »Cats«. Der bekannteste Hit, auch in Instrumentalversionen. Gefühlvoll und eingängig.

Stevie Wonder: You are the sunshine of my life (2:50)
Bekannter Song: »Du bist der Sonnenschein meines Lebens«.

Religiöses Liedgut

Amazing Grace
Das populärste Kirchenlied in englischer Sprache überhaupt. Im Original weihevoll und getragen; in zahlreichen Pop-Versionen auf dem Markt, z. B. als Militärmarsch mit Dudelsack.

Christ ist erstanden
Sehr altes Osterlied.

Erschalle laut, Triumphgesang
Festliches Osterlied.

Großer Gott, wir loben dich
Bekanntes Loblied.

He's Got the Whole World in His Hands
Traditioneller amerikanischer Gospel-Song, der das Vertrauen auf Gott stärken will.

Herr, gib Frieden dieser Seele
Stimmungsvolles Gebet für einen Verstorbenen.

Ich steh vor dir mit leeren Händen, Herr
Kein direktes Bestattungslied, auch von der Melodie her etwas anspruchsvoll, aber textlich sehr passend, wenn der niederländische Textdichter Huub Oosterhuis formuliert: »Schließ auf das Land, das keine Grenzen kennt«.

Jesus lebt, mit ihm auch ich
Fröhliches Lied, das vom Glauben an die Auferstehung zeugt.

Lobe den Herren, den mächtigen König der Ehren
Loblied mit sehr hohem Bekanntheitsgrad; ein »Klassiker« unter den Kirchenliedern.

Maria breit den Mantel aus
Sentimentales Marienlied; eher für Katholiken. Achtung, zu dem Text gibt es mehrere Melodien.

Mitten wir im Leben sind
Dichterisch anspruchsvoller Text, doch für Ungeübte nicht leicht zu singen.

Möge die Straße dir entgegenkommen
Das »Irische Segenslied« hat sich zu einem neuen »Klassiker«, entwickelt; im Rahmen einer Trauerfeier sehr anrührend.

Nearer, my God, to Thee
Traditionelles englisches Kirchenlied. Durch den Film »Titanic« sehr bekannt geworden.

Nobody knows the trouble I've seen
Traditionelles Spiritual der Afro-Amerikaner. Beliebte Interpretationen: durch Louis Armstrong oder Mahalia Jackson.

Nun danket alle Gott
Schöner Choral, eher für geübte Sänger.

So nimm denn meine Hände
Ein weiterer »Klassiker« unter den Kirchenliedern, 1842 von Friedrich Silcher komponiert.

Von guten Mächten wunderbar geborgen
Bewegendes Lied nach einem Text von Dietrich Bonhoeffer; der Refrain ist leicht eingängig. Bitte beachten: Es gibt mehrere verschiedene Melodien.

We Shall Overcome
Kein religiöses Lied im engeren Sinne, aber die Hymne der amerikanischen Bürgerrechtsbewegung hat von ihrer visionären Kraft nichts eingebüßt.

When the Saints Go Marching In
Flottes Spiritual, das Hoffnung auf die Auferstehung ausdrückt; bestens bekannt in Dixieland-Versionen.

Wir sind nur Gast auf Erden
Getragenes Beerdigungslied.

Trauerfeier konkret

Eine gute Trauerfeier lebt durch den individuellen Zuspruch. Daher kann man keine passenden »Musterreden« anfertigen. Die folgenden Beispiele haben Trauernde in einem »echten« Todesfall angesprochen; diese kompletten Feiern oder auch nur Ansprachen innerhalb eines Gottesdienstes sind authentisch und wurden so gehalten. Zur Anonymisierung sind Namen und Daten selbstverständlich verändert worden. Einige Passagen wiederholen oder ähneln sich in den verschiedenen Reden, denn immer geht es um den Tod. Andere sind völlig unterschiedlich, um den unterschiedlichen Charakteren der Verstorbenen und den Umständen ihres Todes gerecht zu werden.

Für eine alte Dame

Monika Keller, 88 Jahre, an Altersschwäche verstorben. Die Trauerfeier findet mit der Urne in einem Zimmer des Altenheimes statt, in welchem die Dame zuletzt gelebt hat. Die Beisetzung erfolgt später in einer anderen Stadt. Die Angehörigen sind gegenüber religiösen Symbolen gleichgültig. Die Lieder haben sie selbst ausgewählt.

Eingang: Lied »Abend wird es wieder« (Hoffmann von Fallersleben), alle singen zu Gitarrenmusik (live).

Geliebte, wenn mein Geist geschieden,
So weint mir keine Träne nach;
Denn, wo ich weile, dort ist Frieden,
Dort leuchtet mir ein ew'ger Tag!

Wo aller Erdengram verschwunden,
Soll euer Bild mir nicht vergehn,
Und Linderung für eure Wunden,
Für euern Schmerz will ich erflehn.

Weht nächtlich seine Seraphsflügel
Der Friede übers Weltenreich,
So denkt nicht mehr an meinen Hügel,
Denn von den Sternen grüß' ich euch!

»Letzte Worte« überschrieb die Dichterin Annette von Droste-Hülshoff diese Verse, mit denen ich Sie heute Abend hier im Haus St. Hildegard in Pringsheim begrüße:
Liebe Frau Moore, liebe Frau Rufer, lieber Herr Keller! Werte Familie, Verwandte und Freunde der Verstorbenen!
Liebe Trauergemeinde! Wir wollen Abschied nehmen von Monika Keller, die Ihnen Mutter, Schwiegermutter und Großmutter war, Schwester, Freundin, Weggefährtin. Sie verstarb Anfang der Woche, am Montag, dem 17. Mai 2009, im – ich meine, man darf sagen: hohen – Alter von 88 Jahren, nur etwa eine Woche nach ihrem letzten Geburtstag.
Ihr Tod kam ohne große Vorankündigung: Weil sie sehr blass und schwach geworden war, brachte man sie ins Krankenhaus. Dass sie schon am nächsten Tag sterben würde, hat alle, die sie kannten, überrascht. Sie fiel in jenen Schlaf, aus dem man nicht mehr erwacht.
Dass wir alle einmal sterben werden, wissen wir. Aber wenn dann der Tod einen Menschen so unwiederbringlich fortnimmt, dann macht dieses endgültige Ereignis das Herz doch schwer. Monika Keller überschritt jene Schwelle, über die wir niemanden begleiten können. Bis zu dieser Schwelle jedoch standen ihr gute Menschen zur Seite.
Heute Abend nun wollen wir der Traurigkeit über den Verlust eine Stimme geben. Der Tod ist die schärfste Grenze. Das ist betrüblich um das, was schön war. Doch es ist zugleich auch ein Trost für das, was nicht gelingen konnte. Der Tod macht mit allem ein Ende. Wir trauern über das, was nicht zur Reife kam, wir nehmen Abschied von dem, was keine Chance hatte. Es bleiben die wertvollen Erinnerungen, bunte Bilder des gelungenen Lebens.
Ebenso möchten wir dem Dank und der Hoffnung Ausdruck geben. Denn wer Monika Keller kannte, ist sicher nicht nur traurig, sie verloren, sondern auch froh, sie gehabt zu haben und manchen Weg mit ihr gegangen zu sein.
Um ein Leben am Ende wieder loslassen zu können, muss es erfüllt sein. Wünschen wir der Verstorbenen, dass ihr diese Erfüllung geschenkt war.

Der Würde eines so langen Menschenlebens kann man eigentlich kaum gerecht werden, wenn man versucht, eine Biografie mit all ihren Höhen und Tiefen mit nur wenigen Strichen nachzuzeichnen.
Geboren wurde sie als Monika Pollak am 11. Mai 1921 im ostpreußischen Marienwerder, als drittes Kind der Eheleute Katharina und Theodor Pollak. Sie wuchs mit sechs Geschwistern auf, fünf Schwestern und einem Bruder. Der Vater war Studienrat, die Mutter Hausfrau. Die kleine Monika zählte erst vier Lebensjahre, da verstarb ihr Vater. Von den Geschwistern leben nur noch die beiden jüngsten.
Die Epoche ihrer Jugend und des jungen Erwachsenseins war geprägt vom Nationalsozialismus und dem 2. Weltkrieg.

1939 heiratete die Verstorbene Hubert Keller. Die beiden gingen sechs Jahrzehnte lang durch Höhen und Tiefen, meisterten gute und schlechte Tage gemeinsam. Schon kurz nach der Hochzeit musste der Ehemann als Soldat in den Krieg. 1945 aber kam er wohlbehalten von der Ostfront zurück.
Das Paar schenkte drei Kindern das Leben: Der Tochter Gabriele, die 1944 geboren wurde, der Tochter Regine, die 1947 zur Welt kam, und dem Sohn Gregor, der 1954 die Familie komplett machte. Ihre Kindeskinder machten Monika und Hubert Keller zu glücklichen Großeltern.
Nach dem Krieg waren die Kellers aus dem Osten in den Westteil Deutschlands übergesiedelt, nach Frankfurt am Main. Von dort aus ging es nach Sankt Augustin, weil der Ehemann – er war Berufsmusiker – eine Anstellung im Bundeswehr-Musikkorps in Siegburg gefunden hatte.
Nach seiner recht frühen Pensionierung zog das Ehepaar nach Baden-Württemberg. Die beiden lebten und arbeiteten in Tübingen, Metzingen und Reutlingen: der Mann als Musiklehrer, die Verstorbene engagierte sich in der Nachbarschaftshilfe für benachteiligte Menschen.
Die erwachsenen Kinder gingen früh eigene Wege: Der Sohn Gregor wanderte nach Südamerika aus, die Tochter Regine nach Großbritannien, nur Gabriele blieb in Deutschland. Dass ihre Familie so verstreut war, belastete Monika Keller; wer hätte nicht gern seine Liebsten stets um sich? Desto größer war ihre Freude, wenn die Kinder und Enkel sie besuchten.
Der Sohn kehrte dann nach Deutschland zurück und siedelte sich in Passau an. Und als die Verstorbene vor acht Jahren nach einem Schlag-

anfall halbseitig gelähmt und seither an den Rollstuhl gebunden war, zog das Ehepaar Keller nach Passau in ein Seniorenheim.

Im Jahr 2000 verstarb Hubert Keller. 2001 zog Monika Keller hierher nach Pringsheim, in die Nähe ihres ältesten Kindes Gabriele. Im Haus St. Hildegard kümmerte man sich fürsorglich um sie; gern nahm sie verschiedene Angebote wahr, wie das Kegeln, das gemeinsame Singen oder einen Besuch im Café.
Allerdings kannte man sie hier nicht als die gesellige Frau, die sie einmal gewesen war. Die körperlichen Einschränkungen, vor allem aber der zunehmende Gedächtnisverlust machten ihr zu schaffen.
Trotz ihrer Enttäuschung über manches Unerfüllte im Leben, trotz ihrer Ruhelosigkeit – oft konnte sie nächtelang nicht schlafen – jammerte sie nicht. Sie trug ihr Los geduldig und tapfer. Und doch litt sie unter dem Verlust ihrer Heimat.
Heimat – ein großes, gewichtiges Wort: Was ist Heimat? Der Ort, an dem man geboren wurde? Das Gebiet, in dem man die meiste Zeit seines Lebens verbracht hat? Oder jener Platz, wo man sich angenommen und wohl fühlt? – Schon der Philosoph Ernst Bloch schrieb in seinem Hauptwerk »Das Prinzip Hoffnung«, Heimat sei das, was alle suchten und was doch niemand finde.
Vielleicht aber, und das fragen wir uns im Angesicht des Todes, gibt es jenseits der Schwelle dieses Lebens etwas, was diese »Heimat« sein könnte. Doch Wissen gibt es da keins, nur Vertrauen vermag zu tragen.
Wer hätte der betagten Dame nicht noch ein paar schöne Jahre auf unserer Erde gegönnt? Der Tod aber fragt nicht, wann er willkommen ist, er kommt, wann er will: Bei Monika Keller am 17. Mai 2009.
Die Lyrikerin Mascha Kaléko sagte einmal: »Den eignen Tod, den stirbt man nur. Mit dem Tod der anderen muss man leben.« Die Trauer ist ein Weg, für den es keine Abkürzung gibt. Am Ende aber darf man erkennen, was bleibt: Die Liebe nämlich; sie überdauert den Tod.
Heute sind Sie noch einmal in ihrem Namen versammelt. Jede und jeder von Ihnen hatte ein eigenes Verhältnis zur Verstorbenen. Sie alle nehmen heute Abschied von Monika Keller. Sie sind traurig, doch in dieser Stunde bewegt Ihre Herzen auch Dank, diese Frau gekannt zu haben. Und manches, was während ihres Lebens zu sagen versäumt wurde, kann vielleicht in der Stille des Herzens nun nachgeholt werden.

Nun wollen wir einen Augenblick lang schweigen, zur Erinnerung an Monika Keller. Mögen ihre Licht- und Schattenseiten, ihre Enttäuschungen und Fehler, ihre Hoffnungen und Sehnsüchte, ihre Schwächen und Anstrengungen Frieden finden.

Ein Augenblick gemeinsamen Schweigens.
Lied: Alle singen das Lieblingslied der Verstorbenen, »Hoch auf dem gelben Wagen« (Volkslied).

Manchmal sind es die Dichter, die uns ihre Worte für das leihen, was wir nicht selbst zu sagen imstande sind. Der Dichter Hermann Hesse hat die Erfahrung unseres Lebens in schöne Worte gefasst, dieses Sein zwischen dem Vergangenen und Zukünftigen. In seinem Gedicht »Stufen« heißt es:
Gedicht »Stufen« von Hermann Hesse wird vorgetragen.

Alles hat seine Zeit: das Trauern, die Erinnerung, der Neuanfang. Das Abschiednehmen ist ja nicht erledigt, wenn wir gleich wieder auseinandergehen. Das Abschiednehmen wird dauern, solange Sie leben, und Monika Keller nicht vergessen ist: an besonderen Tagen, an Orten, wo Sie gemeinsam Schönes erlebten, da werden Sie ihrer gedenken.
Alles hat seine Zeit. Gleich ist die Zeit gekommen, Abschied zu nehmen. Der Leichnam Monika Kellers wurde eingeäschert, die Beisetzung findet demnächst im Familienkreis in Passau statt. Aber heute haben Sie hier Gelegenheit, ein Lebewohl zu sagen: Am Ende der Feier sind Sie eingeladen, vor der Urne der Verstorbenen eine Rose niederzulegen. Das ist ein schönes Symbol der Zuneigung, wie es auch im Lied heißt: Wir wollen dich mit Rosen zudecken …
Monika Keller ist uns auf einem Weg vorausgegangen, der uns allen noch bevorsteht. Friede sei mit ihr! Die Toten ruhen unter der Erde, wir jedoch leben auf ihr. Das Leben ist Gabe und Aufgabe zugleich. Leben wir jeden Tag so, als wenn es unser erster und unser letzter wäre. Friede sei auch mit uns.
Diese Trauerfeier mahnt uns, an unsere eigene Sterblichkeit zu denken: Wir sind nur Gast auf Erden. In die tiefsten Tiefen der Seele unserer Verstorbenen konnte niemand schauen. Monika Keller ist nun klüger als wir, denn: Was einen Menschen nach dem Tod erwartet – wir Lebenden

wissen es nicht. Sie hat ihre letzte große Reise angetreten. Wünschen wir ihr, sie möge sicher ankommen: an einem guten Ziel.

Ein Mensch stirbt. Aber etwas lebt weiter in den Menschen, die ihn liebten und kannten. Monika Keller ist tot – doch etwas von ihr lebt weiter in Ihnen, die Sie heute hier Abschied nehmen in Zuneigung und Dankbarkeit.
Entlassen möchte ich Sie mit einem kleinen Gedicht von Joachim Ringelnatz, der die schönen Verse schrieb:

»Wenn ich tot bin, darfst du gar nicht trauern.
Meine Liebe wird mich überdauern
und in fremden Kleidern dir begegnen
und dich segnen.«

Musik: Lied »Guten Abend, gut Nacht«
Vor der Urne werden Blumen niedergelegt, dazu noch Gitarrenmusik.

Für einen Mann, der Suizid begangen hat

Jens Baumann, 42 Jahre, hat sich selbst das Leben genommen. An die Trauerfeier mit Sarg in einer Friedhofskapelle schließt sich die Beisetzung am Grab an. Die Angehörigen wünschten ausdrücklich den Verzicht auf religiöse Symbole.

Musik (CD): Ludwig van Beethoven, 1. Satz der Klaviersonate Nr. 14 cis-Moll, op. 27 Nr. 2 »Mondschein-Sonate«.

»Tod und Grab – das ist das ganz Andere, das ganz Fremde, das Unausdenkliche. Freundschaft mit dem Tod? Ich glaube nicht daran. Wir glauben alle nicht daran. Unsere Bräuche gehen auf Verhüllung aus, auf Verschönerung, auf Verklärung, und für einen kurzen Augenblick scheint uns ja der Tod behilflich bei unseren Versuchen. So, wenn er die Spuren des Todeskampfes vom Antlitz des Dahingegangenen tilgt und etwas wie Jugend wiederherstellt, das holde Täuschungsbild des Schlafes. Aber dergleichen geschieht doch wohl nur, um uns, mit Kinderschritten gleichsam, einzuüben in das Geforderte, [...] und das ist schwer und heißt: Abschied.«

Mit diesen Gedanken des Literaten Albrecht Goes heiße ich Sie heute Morgen hier in der Kapelle des Friedhofs in Menden willkommen. Ja, normalerweise umgehen wir den Tod, verhüllen, verschönern, verklären wir ihn. Aber in dieser Stunde hat das keinen Sinn. Wir müssen uns ihm stellen:
Liebe Frau Baumann! Lieber Markus, lieber Johannes und lieber Benedikt!
Werte Verwandte, Freunde, Bekannte und Kollegen des Verstorbenen!
Liebe Trauergemeinde!

Es gibt Situationen, da wissen wir nichts Rechtes zu sagen. Es gibt Augenblicke, da machen Worte alles nur noch schlimmer. Wenn wir meinen, es nicht mehr ertragen zu können, dann hilft kein billiger Trost nach dem Motto: »Kopf hoch, wird schon wieder!« Dann kann es aber helfen, sich zusammenzutun, denn manches lässt sich gemeinsam besser aushalten.

Wir verabschieden heute Jens Baumann. So ein Abschied tut weh. Und dieser Abschied ist mit dem heutigen Vormittag nicht erledigt. Sie werden Abschied nehmen, solange Sie leben. Der bittere Schmerz wird nachlassen, auch wenn man vielleicht nie begreifen wird, warum er so früh ging – mit 42 Jahren –, warum er freiwillig jene Schwelle überschritt, über die wir niemanden begleiten können.
Jens Baumann hat von der größten Freiheit Gebrauch gemacht, die uns Menschen gegeben ist. Warum er das getan hat? – Wer könnte diese Frage beantworten? Vielleicht dürfen wir hoffen, dass Sie lernen werden, mit offenen Fragen zu leben.
Denn das Leben ist die Gabe und die Aufgabe, die uns anvertraut ist. In einer schweren Zeit wie dieser müssen die, die einander kennen, die sich gegenseitig vertrauen und einander lieben, zusammenstehen:
Sie, liebe Frau Baumann, und Ihre Jungs werden einmal Nähe, ein anderes Mal Distanz brauchen: Mögen Ihre Familie und Ihre Freunde immer für Sie da sein und viel Geduld und Ausdauer aufbringen.
Heute wollen wir uns hier ein wenig Zeit zum Reden und Schweigen las-

sen: Der Traurigkeit eine Stimme geben, um an ihr nicht zu ersticken, aber auch dem Dank und der Hoffnung. Denn ich bin sicher: wer Jens Baumann kannte, ist nicht nur betrübt über seinen Tod, sondern auch froh, ihn gekannt und manche Stunde mit ihm geteilt zu haben.

Geboren wurde Jens Baumann am 29. Mai 1957 in Mönchengladbach. Er wuchs mit einer Schwester auf, studierte Jura und heiratete 1982 Evelyn Claasen. Aus der Ehe gingen drei Söhne hervor, die heute siebzehn, neun und acht Jahre alt sind. 1993 bezog die Familie das schöne Haus in Langenfeld. In seinem Beruf war der Verstorbene ein angesehener und geschätzter Kollege.

Was war er für ein Mensch? Seine Frau beschrieb ihn mir so, wie Sie ihn alle kannten: als fürsorglichen Familienvater, als hilfsbereiten und selbstlosen Freund, Kollegen und Nachbarn. Selten beanspruchte er Hilfe für sich selbst; lieber löste er seine Probleme alleine, nahm sich aber die Sorgen anderer sehr zu Herzen. Er versuchte, seine Träume zu verwirklichen, die nicht alle mit der Realität zu vereinbaren waren. Sein Traum von Harmonie fand keine Erfüllung in dieser Welt.
Warum er schließlich den Boden unter den Füßen verlor und glaubte, nur noch jenen Ausweg nehmen zu können, den er wählte: wir wissen es nicht.
Was aber macht die Qualität eines Lebens aus? Allein die Anzahl der Jahre? Oder nicht vielmehr: wie das Leben gelebt wurde? Ich glaube, das Entscheidende ist: Jens Baumann hat geliebt – und er wurde geliebt. Und das bleibt, auch wenn er jetzt tot ist.
Sie, liebe Frau Baumann, haben selbst ein schönes Symbol gebraucht, um all die zunächst unverständlichen Einzelheiten und Details, die das Weggehen Ihres Mannes betreffen, verstehen zu können: Alles füge sich zusammen wie ein Puzzle. Mit zunehmendem Abstand zeige sich, dass alle Teile miteinander ein Ganzes ergeben.
Aber nicht nur das Ende, das ganze Leben ist dieses Puzzle: jedes noch so kleine Teilchen gehört dazu, damit schließlich ein Bild entsteht. Allerdings braucht man eine gewisse Distanz, um das erkennen zu können: Wie wir bei einem Gemälde im Museum oder einem Mosaik in einer Kirche ein paar Schritte zurücktreten müssen, um seine Fülle erfassen zu können, muss hier vielleicht die Zeit verstreichen, Abstand schaffen, da-

mit wir das Gesamtkunstwerk dieses Menschenlebens zu bestaunen fähig sind.

Sie alle sind ja heute Morgen hier, weil Ihnen der Verstorbene etwas bedeutet hat. Sie alle haben ein ganz eigenes Verhältnis zu Jens Baumann gehabt. Sie haben einen Menschen verloren und Ihr Herz ist schwer. Doch Sie bewegt in dieser Stunde auch Dank, einen – auf seine Art – einzigartigen Mann gekannt zu haben. Und was während seines Lebens zu sagen versäumt wurde, kann nun vielleicht in der Stille des Herzens nachgeholt werden.
Lassen Sie uns nun einen Augenblick lang schweigen – zur Erinnerung an Jens Baumann: Mögen seine Licht- und Schattenseiten, seine Enttäuschungen und Fehler, seine Hoffnungen und Sehnsüchte, seine Schwächen und Anstrengungen Frieden finden.

Ein Augenblick gemeinsamen Schweigens.
Musik (CD): Antonín Dvořák, Ausschnitt aus dem 2. Satz der Symphonie Nr. 9 e-Moll, op. 95 »Aus der Neuen Welt«.

Nun bitte ich Herrn Zerres um sein Wort.
Es spricht der Arbeitskollege.

Wieder der Leiter:
Über das, was uns alle angesichts des Freitodes von Jens Baumann vielleicht zu überwältigen droht – die Verzweiflung – hat der Poet Erich Fried ein sehr nachdenkliches Gedicht geschrieben. Hören Sie das »Lob der Verzweiflung«:

Gedicht »Lob der Verzweiflung« von Erich Fried wird vorgetragen.

Vielleicht ist dies die Zeit der Verzweiflung. Heute ist zumindest nicht der Tag des Verstehens, des Begreifens, aber der Tag des Abschieds. Auch wenn das alles nur kleine Schritte auf einem langen Weg sind.
Unser Mitgefühl gilt allen, die unter dem Verlust von Jens Baumann leiden: Die Ehefrau Evelyn verliert ihren Partner, die Söhne Markus, Johannes und Benedikt ihren Vater. Die Eltern weinen um das Kind, die Geschwister um den Bruder. Sie alle müssen ohne einen Freund weiter-

leben. Ich wünsche ihnen, dass sie den Glauben an das Leben und an die Liebe nie verlieren und Mut haben, ihren Weg zu gehen.
Alles hat seine Zeit. Jetzt ist die Zeit, Abschied zu nehmen. Geleiten wir nun den Sarg mit dem Leichnam des Verstorbenen auf seinem letzten irdischen Weg, einem Weg, auf dem uns Jens Baumann vorausgegangen ist, und der uns allen noch bevorsteht.
Bitte erheben Sie sich für Jens Baumann.

Zum Auszug spielt Musik (CD): Wolfgang Amadeus Mozart, Maurerische Trauermusik, KV 477.
Trauerzug zum Grab, dort erfolgt die Beisetzung.

Wir haben beigesetzt, was an Jens Baumann sterblich war. Friede sei mit ihm!
Der Anblick eines offenen Grabes mahnt uns, an unsere eigene Sterblichkeit zu denken: Wir sind nur Gast auf Erden.
Die Toten ruhen unter der Erde, wir leben auf ihr. Das Leben ist manchmal nicht leicht, es ist uns Gabe und Aufgabe zugleich. Friede sei auch mit uns.
In die tiefsten Tiefen der Seele unseres Verstorbenen konnte niemand schauen. Jens Baumann ist nun klüger als wir, denn: Was einen Menschen nach dem Tod erwartet – wir Lebenden wissen es nicht.
Ein Mensch stirbt. Aber etwas lebt weiter in den Menschen, die ihn liebten und kannten. Jens Baumann ist tot – doch etwas von ihm lebt weiter in Ihnen, die Sie heute hier Abschied nehmen in Liebe und Dankbarkeit.

Entlassen möchte ich Sie mit einem Vers eines zeitgenössischen Dichters [Georg Schwikart]:

»Die sich gefunden
sind sich verbunden
immer schon geblieben.
Denn Zeit und Raum
trennen doch kaum
jene, die sich lieben.«

Erdwurf durch den Leiter.

Für einen schwierigen Menschen

Roman Lohbiehler starb im Alter von 66 Jahren an einem Herzinfarkt. Er hatte zu seinen Lebzeiten viel getrunken und geraucht, sodass die Angehörigen eher über die relativ lange Lebensdauer verwundert waren. Die Familie ist auch erleichtert über diesen Tod, denn der Verstorbene war ein schwieriger Mann, der es sich und seinen Mitmenschen nicht leicht gemacht hat. – Die Ansprache hat innerhalb einer katholischen Andacht auf dem Friedhof ihren Platz. Sie kreist um die Frage der Versöhnung.

Aus dem Evangelium nach Matthäus, Kapitel 18, Verse 21-35:
Petrus wandte sich an Jesus und fragte ihn: »Herr, wenn mein Bruder oder meine Schwester an mir schuldig wird, wie oft muss ich ihnen verzeihen? Siebenmal?«
Jesus antwortete: »Nein, nicht siebenmal, sondern siebzigmal siebenmal!« Jesus fuhr fort: »Macht euch klar, was es bedeutet, dass Gott angefangen hat, seine Herrschaft aufzurichten! Er handelt dabei wie jener König, der mit den Verwaltern seiner Güter abrechnen wollte. Gleich zu Beginn brachte man ihm einen Mann, der ihm einen Millionenbetrag schuldete. Da er nicht zahlen konnte, befahl der Herr, ihn zu verkaufen, auch seine Frau und seine Kinder und seinen ganzen Besitz, und den Erlös für die Tilgung der Schulden zu verwenden.
Aber der Schuldner warf sich vor ihm nieder und bat: ›Hab doch Geduld mit mir! Ich will dir ja alles zurückzahlen.‹ Da bekam der Herr Mitleid; er gab ihn frei und erließ ihm auch noch die ganze Schuld.
Kaum draußen, traf dieser Mann auf einen Kollegen, der ihm einen geringen Betrag schuldete. Den packte er an der Kehle, würgte ihn und sagte: ›Gib zurück, was du mir schuldest!‹ Der Schuldner fiel auf die Knie und bettelte: ›Hab Geduld mit mir! Ich will es dir ja zurückgeben!‹ Aber sein Gläubiger wollte nichts davon hören, sondern ließ ihn ins Gefängnis werfen, bis er die Schuld beglichen hätte.
Als das seine anderen Kollegen sahen, konnten sie es nicht fassen. Sie liefen zu ihrem Herrn und erzählten ihm, was geschehen war. Er ließ den Mann kommen und sagte: ›Was bist du für ein böser Mensch! Ich habe dir die ganze Schuld erlassen, weil du mich darum gebeten hast. Hättest du nicht auch Erbarmen haben können mit deinem Kollegen, so wie ich es mit dir gehabt habe?‹ Dann übergab er ihn voller Zorn den

Folterknechten zur Bestrafung, bis er die ganze Schuld zurückgezahlt haben würde. So wird euch mein Vater im Himmel auch behandeln, wenn ihr eurem Bruder oder eurer Schwester nicht von Herzen verzeiht.«

Wir nehmen heute Abschied von Roman Lohbiehler. Dieser Abschied tut weh, denn er war Ihnen Ehemann, Vater, Bruder, Freund, Kollege und Nachbar. Heute Mittag wollen wir der Traurigkeit über den Verlust eine Stimme geben.
Der Tod ist die schärfste Grenze. Das ist betrüblich um das, was schön war. Doch es ist zugleich auch ein Trost für das, was nicht gelingen konnte. Der Tod macht mit allem ein Ende. Wir trauern über das, was nicht zur Reife kam, wir nehmen Abschied von dem, was keine Chance hatte.

Eine Trauerfeier ist keine Gerichtsverhandlung. Schon die alten Römer beschieden: »Über die Toten nur Gutes!« Doch wir können es auch nicht gut ertragen, wenn ein schwieriger Mensch auf dem Friedhof nur mit Lobeshymnen besungen wird.
Roman Lohbiehler war ein schwieriger Mensch. Mit ihm auszukommen fiel niemandem leicht. Er mochte sich selbst nicht leiden und auch keinen anderen. Aufbrausend sein Wesen, unberechenbar sein Tun.
Wir könnten fragen, wie er zu dem wurde, der er war. Wir könnten versuchen, zu erklären, warum er sich so eigenwillig verhielt und selbst jene verprellte, die ihm großherzig begegneten.
Doch dazu ist hier weder der rechte Ort noch die rechte Stunde. Und vielleicht wird es diesen Ort und diese Stunde während Ihres Erdenlebens kaum einmal geben. Überlassen wir unseren Verstorbenen Gott und seiner Gerechtigkeit. Wie die aussehen wird, wissen wir nicht. Sie wird Liebe heißen – eine Liebe, die unsere Vorstellungen übersteigt.

Keine Sorgen also um Roman Lohbiehler; Sorgen aber um jene, die ihn nun verabschieden: mit geschlagenen Wunden, voller Enttäuschung, zwischen Aggression und Verzweiflung schwankend, warum das Schicksal diese harte Prüfung auferlegte. Sie trauern, weil einer gestorben ist, der Ihnen nahe stand. Doch Sie trauern auch, weil das Leben vor diesem Tod kein leichtes war. Und dazu macht uns das Evangelium noch ein schlechtes Gewissen, und fordert auf, jenen zu vergeben, die gegen uns gefehlt haben, und das nicht nur siebenmal, sondern siebzigmal siebenmal – also immer!

Das Neue Testament erzählt diese Geschichte, um zu erklären, wie groß die Vergebung Gottes ist. Wir alle sind dem Grundgesetz der Schuld unterworfen, niemand kann leben, ohne einem anderen gegenüber schuldig zu werden. Und weil Gott bereit ist, uns alles zu vergeben, sollen auch wir unseren Mitmenschen vergeben.

Fassen wir dies als strenge Anweisung auf, so fühlen wir uns unter Druck gesetzt. Und das ruft unseren Widerstand hervor. Nehmen wir es jedoch als freundliche Einladung, dann liegt darin eine Chance verborgen: Wer vergeben kann, macht es sich selbst leichter. Dass andere an mir schuldig geworden sind, belastet mich selbst; wenn ich diese Schuld loslassen kann, lebe ich freier.

Das braucht Zeit, auch Übung; ebenso mag es Rückschläge geben, und immer wieder ist der Neuanfang nötig. Doch jeder, der sich auf diesen Weg begeben hat, darf die Erfahrung machen: Vergeben befreit, Vergeben tut gut.

Vergebung kann nur gelingen mit Gott, sonst sind wir überfordert. Sonst sehen wir doch nur, wo man unser Recht missachtete, unsere Bedürfnisse überging, unsere Gefühle verletzte. Diese Schuld gehört zur Realität dieser Welt. Sie kann nicht abgeschafft, aber sie kann überwunden werden.

Wir sollen uns dafür einsetzen, diese Welt besser zu machen, doch dafür müssen wir bei uns selbst anfangen: Wir müssen zunächst selbst besser werden. Gott ist bereit, uns dabei zu helfen, er ist bereit, uns Kraft zu geben, uns zu ermutigen, aus seiner großen Vergebung, mit der er uns annimmt in unserer Unvollkommenheit.

Und wir vertrauen, dass Gottes Vergebung auch Roman Lohbiehler gilt.

Für eine junge Frau, die verunglückte

Beim Bergsteigen verunglückte Carola Plettker, 28 Jahre alt. Die Nachricht ihres überraschenden Todes stürzt ihre Eltern und Geschwister, die Freunde, Arbeitskollegen und Bekannten aus dem Sportverein in die Krise. – Die

Ansprache wird während eines evangelischen Gottesdienstes in einer Kirche gehalten. Im Zentrum steht die Frage des Trostes.

Liebe Familie Plettker, werte Freunde, Bekannte und Kollegen der Verstorbenen, Schwestern und Brüder!
Große Betroffenheit lähmt uns in dieser Stunde. Die Trauer macht uns stumm. Was soll man sagen? Droht nicht jedes Wort erbärmlich zu klingen? Doch wir müssen etwas sagen, damit wir nicht ersticken an den Fragen, die uns quälen, an den Gedanken, die uns umtreiben.
Ich habe keinen vorschnellen Trost anzubieten. Ich werde mich hüten davon zu sprechen, dass das Leben ja irgendwie weitergehen werde. Das wird es. Irgendwann, irgendwie. Doch heute scheint es still zu stehen. Heute können wir nicht verstehen. Heute haben wir eine andere Aufgabe zu bewältigen, nämlich die Wirklichkeit auszuhalten. Das geht gemeinsam besser. Und diese Wirklichkeit heißt: Carola Plettker ist tot.

Ich habe keinen vorschnellen Trost anzubieten. Ich orientiere mich an einem Gedanken des großen Theologen Dietrich Bonhoeffer. Die Nationalsozialisten hatten ihn ins Gefängnis geworfen. Dort kümmerte er sich seelsorgerisch um seine Mitgefangenen. Die baten ihn um Trost. Einem Freund schrieb er aus der Zelle:

Aber ich glaube, ich bin ein schlechter Tröster.
Zuhören kann ich, aber sagen kann ich fast nie etwas.
Aber vielleicht ist schon die Art,
in der man nach bestimmten Dingen fragt und nach anderen nicht,
ein gewisser Hinweis auf das Wesentliche.
Auch scheint es mir wichtiger, dass eine bestimmte Not wirklich erlebt wird, als dass man irgendetwas vertuscht oder retuschiert.
Nur gegen gewisse falsche Interpretationen der Not bin ich unnachsichtig, weil sie auch ein Trost sein wollen und doch ein ganz falscher sind.
So lasse ich die Not uninterpretiert und glaube,
dass das ein verantwortlicher Anfang ist,
allerdings nur ein Anfang, über den ich sehr selten hinauskomme.
Manchmal denke ich, der wirkliche Trost muss ebenso unvermutet hereinbrechen wie die Not.
Aber ich gebe zu, dass das eine Ausflucht sein kann.

Diese Aufrichtigkeit bewundere ich an Bonhoeffer: Keine vorschnellen Erklärungen, keine frommen Sprüche, dazu das Bekenntnis, falsch liegen zu können.
Ich meine jedoch, er liegt nicht verkehrt mit seiner Haltung. Es ist ja verständlich, interpretieren zu wollen. Denn die unverständlichen Dinge belasten uns. Wir wollen verstehen. Wir können besser mit Dingen umgehen, die wir begreifen. Doch manches entzieht sich unserem Begreifen. Dann lauert die Gefahr, dass vorschnelle Antworten kurzfristig Erleichterung verschaffen, aber letztlich nicht weiterhelfen.
Warum verunglückte Carola Plettker? Hätte man es verhindern können? Was, wenn die Umstände an jenem Tag anders gewesen wären? Ist irgendjemand verantwortlich für ihren Tod? Warum nur ist das passiert? – Es ist selbstverständlich, dass diese Fragen Sie umtreiben. Aber wer könnte sie beantworten?

Bonhoeffer ermutigt, eine Not zu *erleben*, sie uninterpretiert zu lassen. Das verlangt allerdings Stärke. Zumindest ein Anfang könnte das sein, ein verantwortlicher Anfang, einer für heute.
Nein, keinen vorschnellen Trost will ich anbieten, aber vielleicht einen langfristigen. Nicht ohne Grund wenden wir uns in dieser Stunde an den, den wir hilflos Gott nennen. Er ist ja der Grund, auf dem wir stehen. Auch wenn wir momentan meinen, uns sei der Boden unter den Füßen weggezogen, alles wanke, es gäbe keinen Halt.

Heute gibt es kein Wissen, heute kann es höchstens Glauben geben, wenn auch nur als einen Funken Vertrauen. Der erste Schritt heute könnte sein, sich von einem neuen Anfang trösten zu lassen, einem Anfang, der uns verheißen ist.
Gott wird alles neu machen, heißt es im letzten Buch der Bibel, der Offenbarung des Johannes. Doch bis dahin leben wir in dieser Welt, in der wir manches nicht verstehen, nur aushalten können. Fragen dürfen wir, vielleicht müssen wir es sogar. Ohne Antworten zu leben, ist schon schwer, doch ohne Fragen zu stellen, wäre es unmöglich.

Hüten wir uns jedoch vor den schnellen Tröstern. Trauen wir den dauerhaften, trauen wir ihnen, so lange wir in dieser Welt leben, die das Weinen kennt, die Schmerzen, das Unglück, den Tod.

Wenn wir das Wort der Schrift an den Kern unserer Seele dringen lassen, kann uns dieser Trost jetzt schon helfen, nicht aufzugeben, sondern weiterzugehen. Später einmal werden Sie wieder froh sein können – auf dieser Erde, in diesem Leben, das so verletzlich ist, so gefährdet, und das doch die Chance bereit hält, glücklich zu sein.
Gott möge uns Augenblicke des Glücks schenken, als Wegzehrung. Carola Plettker aber erfahre das Glück bei unserem Gott in Vollendung. Von ihm heißt es, so lesen wir in der Offenbarung (Kapitel 21, 1-5a):

Dann sah ich einen neuen Himmel und eine neue Erde.
Der erste Himmel und die erste Erde waren verschwunden
und das Meer war nicht mehr da.
Ich sah, wie die Heilige Stadt, das neue Jerusalem,
von Gott aus dem Himmel herabkam.
Sie war festlich geschmückt wie eine Braut für ihren Bräutigam.
Und vom Thron her hörte ich eine starke Stimme rufen:
»Dies ist die Wohnstätte Gottes bei den Menschen!
Er wird bei ihnen wohnen, und sie werden seine Völker sein.
Gott selbst wird als ihr Gott bei ihnen sein.
Er wird alle ihre Tränen abwischen.
Es wird keinen Tod mehr geben und keine Traurigkeit,
keine Klage und keine Quälerei mehr.
Was einmal war, ist für immer vorbei.«
Dann sagte der, der auf dem Thron saß:
»Gebt Acht, jetzt mache ich alles neu!«
Amen.

Für ein sieben Monate altes Kind

Er kam bereits schwer behindert auf die Welt, der kleine Kevin Brinkmann. Nur sieben Monate währte sein Leben. Kevins Tod brachte den von ständiger Sorge geplagten, gestressten Eltern eine gewisse Erleichterung, aber eben auch die große Trauer über den Tod ihres ersten und bis dato einzigen Kindes. – Die Eltern sind keine Mitglieder der Kirche, aber nicht anti-religiös eingestellt. Die Feier findet direkt am offenen Grab statt, an einem warmen Frühlingstag.

Liebe Eheleute Brinkmann, werte Trauergemeinde!
Trauer-Feier? Ist das nicht ein Widerspruch in sich? Kann man die Trauer feiern? Muss man sie nicht vielmehr aushalten, diese unerträgliche Mischung aus Ohnmacht, dem Wunsch wegzulaufen, Niedergeschlagenheit und auch Wut über die Abgründe unserer Existenz?
Ja, in diesem Moment regiert die Trauer – denn Kevin Brinkmann ist tot: Er starb vorige Woche, am Samstag, den 2. Mai 2009 im Alter von nur 7 Monaten.

Die Schwangerschaft mit ihm war noch völlig unkompliziert verlaufen; bei der Geburt wurde offenbar, dass der Junge schwer und mehrfach behindert sein würde: ein Schock für alle, die sich auf das Kind gefreut hatten. Schon bald wurde klar, dass Kevin keine normale Lebenserwartung haben würde. Und so durchlitt die Familie Brinkmann eine schwere Zeit, in der jeder Telefonanruf ängstlich entgegengenommen wurde, aus Furcht, es gebe Probleme mit dem Baby.
Aber da waren auch gute Tage, wie etwa der 1. Mai, an dem Kevin zu Hause war: die Sonne strahlte, und auch der Säugling und seine Eltern strahlten. Bereits am nächsten Tag musste Kevin jene letzte Schwelle überschreiten, über die wir niemanden begleiten können. Bis dahin aber ging er sie nicht allein, bis dahin standen ihm gute Menschen zur Seite, bis dahin wurde er gehalten: seine Mutter hielt ihn auf dem Arm, als er in jenen Schlaf fiel, aus dem man nicht mehr erwacht.
Wer will das alles verstehen können? Wer will das begreifen? Mit Rationalität kommt man nicht wirklich weiter. Doch heute ist nicht der Tag des Verstehens. Heute ist der Tag des Abschiednehmens von einem geliebten Menschenkind, das immer in Ihrem Leben einen Platz haben wird.

Es gibt Situationen, da wissen wir nichts Rechtes zu sagen. Es gibt Augenblicke, da machen Worte alles nur noch schlimmer. Wenn wir meinen, es nicht mehr ertragen zu können, dann hilft kein billiger Trost nach dem Motto: »Kopf hoch, wird schon wieder!« Dann kann es aber helfen, sich zusammenzutun, denn manches kann man nicht ändern, manches lässt sich nur erdulden, und das geht gemeinsam besser.
Vielleicht wäre das Schweigen angemessener, doch wir können es kaum ertragen. Wir suchen nach Worten, die alle nicht recht zu passen schei-

nen. Wir drücken die Trauer aus, um mit ihr fertig zu werden: Ja, wir feiern die Trauer in dieser Stunde sogar, denn sonst überwältigt sie uns. Wir tun einen mutigen Schritt in sie hinein, um sie durchschreiten zu können.

Dass wir alle einmal sterben werden, wissen wir. Aber wenn dann der Tod einen Menschen so unwiederbringlich nimmt, dann macht dieses endgültige Ereignis das Herz doch schwer. Heute Mittag nun wollen wir der Traurigkeit über den Verlust eine Stimme geben. Der Tod ist die schärfste Grenze. Das ist bedauerlich für das, was schön war. Doch das ist zugleich auch tröstend für das, was nicht gelingen konnte. Der Tod macht mit allem ein Ende. Wir trauern über das, was nicht zur Reife kam, wir nehmen Abschied von dem, was keine Chance hatte. Es bleiben die wertvollen Erinnerungen, bunte Bilder der schönen Augenblicke.
Deswegen möchten wir ebenso dem Dank und der Hoffnung ein Wort lassen. Der weise Hieronymus drückte es einmal so aus: »Wir wollen nicht trauern, dass wir ihn verloren, sondern dankbar sein dafür, dass wir ihn gehabt haben.«

Der Würde eines Menschenlebens kann man eigentlich kaum gerecht werden, wenn man versucht, eine Biografie mit all ihren Höhen und Tiefen mit nur wenigen Strichen nachzuzeichnen. Die Biografie von Kevin ist nur kurz, und doch war sein Dasein auf Erden mehr als ein flüchtiges Intermezzo: Er war das erste Kind seiner Eltern Martine und Franz, geboren am 9. September 2008 in Siegburg.
Kevin hat viele Wochen in Kliniken verbracht. Die bestmögliche Betreuung erfuhr er im Ehmann-Haus in Siegburg. Dort wurde der kleine Kerl rasch zu einem Star, zum »Ich-Chef«. Man merkte schnell, dass es ihm wohltat, wenn er auf dem Arm gehalten wurde. Und so formulierten die Schwestern eine Art – wie die Mutter scherzhaft sagte – »Bedienungsanleitung«. Als Anerkennung für Ihre Dienste haben die Eltern statt großartigen Kränzen und Gestecken um Zuwendungen für das Ehmann-Haus gebeten. Kevin war ein Kämpfer. Und auch seine Eltern hatten zu kämpfen. Sie danken allen, die sie unterstützt haben und unterstützten: den Ärzten und Pflegenden, ihren Familien und Freunden.

Nun liegt er hier im selbst bemalten Sarg, in der Schatzkiste – der kleine Schatz. Sein Lebenskreis hat sich zu früh geschlossen. Der Tod fragt nicht, wann er willkommen ist. Er kommt, wann er will. Er hat Kevin von dieser Welt in jene andere hinübergeholt, von der wir nichts wissen, von der wir nur in Bildern des Glaubens sprechen können.
Keine Sorge, ich will Sie nicht missionieren. Wenn nach dem Tod das große Nichts kommt, dann können wir Kevin nicht mehr helfen. Wenn es eine Wiedergeburt gibt, wie die Inder glauben, dann tritt er in eine neue irdische Existenz ein. Und wenn es den geben sollte, den wir hilflos Gott nennen, dann vertraue ich fest darauf, dass dieser Gott Kevin in seinen Armen hält und dass es dem Jungen dort – bildlich gesprochen – im Himmel besser geht, als es ihm je auf Erden ergangen ist.
Aber natürlich drängen sich auch Fragen auf: »Warum das alles?« So zu fragen ist verständlich, doch Sie werden keine Antwort erhalten, die befriedigt. Sie werden aber lernen können, mit offenen Fragen zu leben.

Die Dichterin Mascha Kaléko sagte einmal: »Den eignen Tod, den stirbt man nur. Mit dem Tod der anderen muss man leben.« Das zu lernen ist nicht leicht. Das zu lernen, nennen wir die Trauer. Die Trauer ist ein langer Weg, ein Weg, für den es keine Abkürzung gibt. Am Ende aber darf man erkennen, was bleibt: Alles Gute, das man einander geschenkt hat, die Liebe nämlich; sie überdauert den Tod.

Dass Kevin nur so kurz gelebt hat, ist bedrückend. Dass er aber überhaupt gelebt hat, ist ein Segen. Dieses kurze Leben hat Sie alle, die Sie heute hier sind, verändert. Wir müssen nicht alles verstehen, das erklärt bereits im 4. Jahrhundert vor der Zeitrechnung der chinesische Philosoph Lao-Tse in seinem Buch »Tao-Te-King«:

Der Weg des Himmels ist wie ein gespannter Bogen:
Das Hohe drückt er nieder,
das Tiefe hebt er hoch.
Was zu viel ist, wird vermindert,
was zu wenig ist, wird vermehrt. […]

Es gibt auf dieser Welt nichts Weicheres und
Schwächeres als Wasser.

Und doch vermag es die härtesten und
größten Felsbrocken zu bewegen und auszuhöhlen.
Es gibt nichts Vergleichbares.

Das Schwache überwindet das Starke
und das Weiche überwindet das Harte;
das weiß jeder auf Erden,
doch verhält sich niemand danach. [...]

Die Wahrheit klingt oft so,
als wäre sie voller Widersprüche.
Wahre Worte sind nicht schön,
schöne Worte sind nicht wahr.

Gute Worte sind nicht überzeugend,
überzeugende Worte sind nicht gut.
Der Weise ist nicht gelehrt,
der Gelehrte ist nicht weise.
Der Weise häuft nichts an.
Nachdem er alles, was er hat,
den anderen geschenkt hat,
hat er immer noch mehr,
nachdem er alles, was er hat,
den anderen gegeben hat,
ist sein Reichtum noch größer.

Nützen, ohne zu schaden,
das ist der Weg des Himmels.
Tun, ohne zu streiten,
das ist der Weg des Weisen.

Zur Weisheit gehört auch, zu akzeptieren: Der Tod ist ein Teil des Lebens. Wir können lernen, in seinem Angesicht zu leben, wir können das Dasein auf Erden genießen, auch wenn es ein Ende haben wird, auch wenn unsere Tage gezählt sind.
Irgendwann ist es Zeit zu gehen, für jeden. Doch nicht nur der Tod, alles hat seine Zeit. So heißt es bei Kohelet, dem Prediger Salomonis:

Alles, was auf der Erde geschieht, hat seine vorbestimmte Zeit:
geboren werden und sterben, einpflanzen und ausreißen,
töten und Leben retten, niederreißen und aufbauen,
weinen und lachen, wehklagen und tanzen,
sich umarmen und sich aus der Umarmung lösen,
zerreißen und zusammennähen,
finden und verlieren, aufbewahren und wegwerfen,
reden und schweigen. Alles hat seine Zeit!

Ja, alles hat seine Zeit: das Trauern, die Erinnerung, der Neuanfang. Das Abschiednehmen ist ja nicht erledigt, wenn wir gleich wieder auseinandergehen. Das Abschiednehmen wird dauern, so lange Sie leben und Kevin nicht vergessen ist: an besonderen Tagen werden Sie seiner gedenken, da wird er unter Ihnen lebendig.
Alles hat seine Zeit. Jetzt ist die Zeit gekommen, Abschied zu nehmen von dem, was an Kevin sterblich war. Er ist uns auf einem Weg vorausgegangen, der uns allen noch bevorsteht.

Der Schriftsteller Thornton Wilder schreibt am Ende seiner Novelle »Die Brücke von San Luis Rey«:
Die Liebe wird genug gewesen sein; alle Regungen der Liebe kehren zurück zu der einen, die sie entstehen ließ. Nicht einmal eines Erinnerns bedarf die Liebe. Da ist ein Land der Lebenden und ein Land der Toten, und die Brücke zwischen ihnen ist die Liebe – das einzig Bleibende, der einzige Sinn.

Es folgt die Beisetzung.

Wir haben bestattet, was an Kevin Brinkmann sterblich war. Was an ihm unsterblich ist, das kann man nicht beerdigen. Friede sei mit ihm. Der Anblick eines offenen Grabes mahnt uns, an unsere eigene Sterblichkeit zu denken: Wir sind nur Gast auf Erden. Die Toten leben nicht mehr auf dieser Erde, wir jedoch leben auf ihr. Das Leben ist uns anvertraut, ist Gabe und Aufgabe zugleich. Leben wir jeden Tag so, als wenn es unser erster und unser letzter wäre. Friede sei auch mit uns.

In die tiefsten Tiefen der Seele unseres Verstorbenen konnte niemand

schauen. Kevin Brinkmann ist nun klüger als wir, denn: Was einen Menschen nach dem Tod erwartet – wir Lebenden wissen es nicht. Er hat eine große Reise angetreten. Wünschen wir ihm, er möge sicher ankommen, an einem guten Ziel. In diesem Sinne werde ich jetzt das Vaterunser beten, und ich lade Sie ein, mit einzustimmen, wenn Sie möchten.
Gemeinsam wird das Vaterunser gebetet.

Ein Mensch stirbt. Aber etwas lebt weiter in den Menschen, die ihn liebten und kannten. Kevin Brinkmann lebt nicht mehr unter uns, und doch: etwas von ihm lebt weiter in Ihnen, die Sie heute hier Abschied nehmen in Zuneigung und Dankbarkeit.
Wenn Sie jetzt gleich vor dem offenen Grab Abschied genommen haben, lassen Sie einen Luftballon steigen – ein schönes Symbol für die Seele, die frei ist.

Entlassen möchte ich Sie mit einem irischen Segen:

Vergiss die Träume nicht,
wenn die Nacht wieder über dich hereinbricht
und die Dunkelheit dich wieder gefangen zu nehmen droht.
Noch ist nicht alles verloren.
Deine Träume und deine Sehnsüchte
tragen Bilder der Hoffnung in sich.
Deine Seele weiß, dass in der Tiefe Heilung schlummert
und bald in dir ein neuer Tag erwacht.

Ich wünsche dir,
dass du die Zeiten der Einsamkeit nicht als versäumtes Leben erfährst,
sondern dass du beim Hineinhorchen in dich selbst
noch Unerschlossenes in dir entdeckst.

Ich wünsche dir,
dass dich all das Unerfüllte in deinem Leben nicht erdrückt,
sondern dass du dankbar sein kannst für das,
was dir an Schönem gelingt.

Ich wünsche dir,
dass all deine Traurigkeiten nicht vergeblich sind,
sondern dass du aus der Berührung mit deinen Tiefen auch Freude wieder neu erleben kannst.

Erdwurf durch den Leiter, Aufforderung an die Trauergemeinde, die Luftballons steigen lassen.

Für eine Frau, die dem Redner bekannt war

Hedwig Megerle, 71 Jahre, ist einem Krebsleiden erlegen. Die Trauerfeier findet in einer Friedhofskapelle statt; anschließend wird die Urne im Grab beigesetzt. Die Verstorbene war dem Trauerredner persönlich bekannt. Die Rede ist in ein kirchliches Beerdigungsritual integriert.

»Herr, du erforschest mich und kennest mich. Ich sitze oder stehe auf, so weißt du es. Du verstehst meine Gedanken von ferne.«

Liebe Waltraud, lieber Micha, lieber Joachim!
Werte Familie, Freunde, Bekannte und Nachbarn der Verstorbenen!
Die gerade zitierten Verse aus dem 139. Psalm sind die Tageslosung für heute. Das Losungsbüchlein, aus dem ich sie habe, schenkte mir Hedwig letztes Jahr zu Weihnachten. Eine überaus passende Losung für heute, wie ich meine. So hätte Hedwig beten können: »Du, Gott, verstehst meine Gedanken von ferne, du allein!« – Ja, ich bin überzeugt, dass Gott die Hedwig verstanden hat. Uns war das nicht immer gegeben.
Hedwig Megerle hatte vielerlei Facetten, man konnte sie in keine Schublade stecken. Sie war nicht das, was man einen unkomplizierten Menschen nennen würde, kein 08/15-Typ. Sie hatte ihre Marotten, pflegte ihre Eigenarten, verbuchte manches unter Originalität, was einfach schwer nachzuvollziehen war. Ihrem komplexen Charakter gerecht zu werden, ist nicht leicht.
Dennoch: Wir alle, die wir heute hier sind, empfanden für sie »Sympathie«. Wir mochten diese Frau, wir teilten etwas mit ihr, sie spielte in

unserem Leben eine Rolle. Aber »Sympathie« heißt mehr. Das griechische Wort bedeutet wörtlich übersetzt: Mit-Leiden.
Wer Hedwig kennengelernt hat, wer in ihrem engen Beziehungsgeflecht auftauchte, der spürte, dass ihr bisweilen das rechte Maß für Nähe und Distanz in den Kontakten fehlte. Sie konnte einem zu nah kommen, sie konnte schroff abweisen.
Ich glaube, dies war ein großes Thema in Hedwigs Leben: Die Sehnsucht nach Nähe, der Wunsch, angenommen und akzeptiert zu sein, kurz: der Hunger nach Liebe. Sie selbst hat in der entscheidenden Phase kindlicher Prägung einen Mangel an unbedingtem Vertrauen erlitten. So bestimmte dieses Problem auch ihr Leben existentiell. Ihre Gedichte geben darüber Auskunft: Manche klagen, andere fragen, wieder andere belehren; schließlich gibt es welche, die jubilieren, die den Eindruck entstehen lassen, sie habe das Ziel erreicht, sie habe die Welt im Glauben schon überwunden.
In der Realität sah es dann am nächsten Tag vielleicht wieder weniger gelungen aus. Wer sie nicht kannte, mag denken: »Wie widersprüchlich!« Wer sie aber mochte, wer sie im wahrsten Sinne »liebe-voll« betrachtete, der wusste, dass diese Widersprüche ganz normal waren. Es ist der Hedwig hoch anzurechnen, dass sie ihnen nicht auswich. Auf ihre Art stellte sie sich ihrem unerlösten Leben, das eigentlich nur nach einem schrie: nach Heilung!
Bei allen Belastungen ihres Daseins, schicksalhaften wie selbstverantworteten, gaben ihr drei Stützen Halt in der Lebensbewältigung: Ihr protestantischer Pragmatismus, ihr inniger Glaube und ihre individuelle Heiterkeit. Wirklicher Humor ging ihr ab, aber sie konnte über manches lachen. Ein Beispiel: Ich besuchte sie alle zwei Monate zum Tee. Meistens kommandierte sie mich herum: »Sitz gerade, nimm Honig, iss mehr Gemüse« – da bemerkte ich einmal spöttisch, wenn ich an Wiedergeburt glauben würde, dann wäre sie wohl in ihrem letzten Leben ein russischer General gewesen, der gerne Befehle erteilte. Hedwig – schmunzelte!
Es ist noch keine zwei Jahre her, da feierten wir in fröhlicher Runde Hedwigs siebzigsten Geburtstag. Wer hätte damals gedacht, wie schnell sie von ihrer Krankheit gezeichnet sein würde? Von den Tagen daheim über die Klinik in Bonn bis zum Hospiz in Lohmar: Wie rasch welkte sie dahin. Immer dünner wurden ihr Leib und ihre Stimme.
Eine paar Tage vor ihrem Tod telefonierten wir miteinander. Ich las ihr

ein Gedicht vor – ein Gedicht von ihr selbst über den Schmetterling. Ab der zweiten Strophe sprach sie mit, und bei der dritten korrigierte sie mit Vehemenz meine Betonung. Ich dachte, wenn sie noch imstande ist, so forsch zu sagen, wie's richtig ist, dann kann das Ende noch nicht so nah sein. Eine Fehleinschätzung: sie stand dem Tod schon näher als dem Leben.

Nun müssen wir heute schon Abschied nehmen. Wir lesen ihre eigenen Texte, singen die von ihr ausgewählten Lieder. Schon vor langer Zeit bat sie Pater Rivinius, Bruder Gebhard und mich, ihre Trauerfeier zu gestalten.

Gleich werden wir beisetzen, was an Hedwig Megerle sterblich war. Aber anderes, Wichtigeres, wird überdauern! Hedwig war wirklich ein besonderer Mensch. Wir haben sie verloren, was ihre Erscheinung in Fleisch und Blut angeht. Wir behalten sie aber in der liebevollen Erinnerung. Ich danke Hedwig für manches gute Wort, für ein Lächeln, für eine aufmunternde und herzliche Geste. Jede und jeder von Ihnen wird wohl einen solchen Dank aussprechen können.

Nun ist sie tot. Nach einem mühsamen Leidensweg fiel sie in jenen Schlaf, aus dem man nicht mehr erwacht. Nicht unerwartet überschritt Hedwig Megerle jene Schwelle, über die wir niemanden begleiten können. Hedwigs Weg hat nun das Ziel erreicht. Bei Gott – so sagt unser Glaube – gibt es in seiner neuen Welt keine Klage mehr, keine Quälerei, keine Tränen. Und wir dürfen wohl fortführen: Keine Enttäuschung, keine Verletzung, keine Vorwürfe, keine Schuld. Auch die Losung ihres Todestages passt: »Mein Herz ist fröhlich in dem Herrn!« heißt es da. Möge Hedwigs Herz jetzt fröhlich sein, leicht, unbeschwert und so glücklich, wie es auf Erden nie zum Glück reifen konnte. Amen.

Für eine Mutter junger Kinder

Nach langem Krebsleiden verstarb Elke Reuter im Alter von 45 Jahren und hinterlässt zwei Schulkinder. Die Ansprache bemüht sich, den Kindern und auch den kirchenfernen Teilnehmern der katholischen Messe anhand eines Bildes die christliche Auferstehungshoffnung nahezubringen.

Wir alle sind Passagiere!

Lieber Norbert und liebe Stefanie, lieber Herr Reuter und lieber Herr Wesseling!
Werte Familie, Freunde und Bekannte der Verstorbenen, Schwestern und Brüder!
Wir alle sind Passagiere! Passagiere sind Reisende, die mit einem Flugzeug, einem Schiff oder auch einem Bus unterwegs sind. Und wir alle sind unterwegs: auf der Reise unseres Lebens. Diese Lebensreise dauert bei den Menschen unterschiedlich lang. Bei den einen nur ganz kurz: Manche Kinder sterben bereits im Mutterleib oder als Baby. Andere Leute hingegen werden fast 100 Jahre alt.
Warum ist das so? Das kann niemand wissen. Das weiß nur Gott: Aber der scheint manchmal zu schweigen und unsere Fragen bleiben unbeantwortet.

Wir alle sind Passagiere. Das Wort »Passage«, meint eigentlich so viel wie »Durchgang«. Wir kennen ja Einkaufspassagen, wo man durch das Haus hindurchgehen kann. Auf unserer Lebensreise gibt es verschiedene Durchgänge.
Der erste Durchgang ist unsere Geburt, der Eintritt ins Leben in dieser bunten Welt. Die Einschulung ist so ein Durchgang, wenn etwas Neues beginnt, auch die Erstkommunion oder die Hochzeit ... Und am Ende wartet dann noch ein Durchgang, der Tod.

Durch diesen letzten Durchgang musste nun Elke Reuter gehen. Sie starb im Alter von nur 45 Jahren. Und sie starb einen bitteren Tod nach einem schweren Weg, der zeitweise einem Kreuzweg glich. Im Januar 2007 hatte man bei ihr die Krankheit festgestellt. Vor einem Jahr bestand die Hoffnung auf Heilung. Doch der Krebs wuchs wieder, und ab Januar dieses Jahres schwand die Aussicht auf ein gutes Ende. Sie wollte leben, sie kämpfte, aber dann ließen die Kräfte nach, sie wurde schwach und schwächer.

Elke Reuter musste leiden, und es litten auch jene, die ihr nahe stehen, die ihr so gern geholfen hätten, aber nichts tun konnten: ihnen blieb nur das Aushalten. Das ist das Schwerste!

Auch heute bleibt zunächst kaum mehr, als auszuhalten: dass wir alle nämlich sehr traurig sind. Wenn man so traurig ist, dann weiß man nichts Rechtes zu sagen. Es gibt Augenblicke, da machen Worte alles nur noch schlimmer. Wenn wir meinen, es nicht mehr ertragen zu können, dann hilft kein billiger Trost nach dem Motto: »Kopf hoch, wird schon wieder!« oder »Das Leben geht weiter!« Dann helfen keine frommen Sprüche und klugen Ratschläge. Dann kann es aber helfen, sich zusammenzutun, denn manches kann man nicht ändern, manches lässt sich nur erdulden, und das geht gemeinsam besser. Es ist gut, dass ihr alle gekommen seid, dass Sie gekommen sind.

Vielleicht wäre das Schweigen angemessener, doch wir können es kaum ertragen. Wir suchen nach Worten, die alle nicht recht zu passen scheinen. Wir drücken die Trauer aus, um mit ihr fertig zu werden: Ja, wir feiern die Trauer in dieser Stunde sogar, denn sonst überwältigt sie uns. Wir tun einen mutigen Schritt in sie hinein, um sie durchschreiten zu können. Wir sind Passagiere durch die Trauer. Wer will das alles verstehen können? Wer will das begreifen? Mit Nachdenken kommt man nicht wirklich weiter.
Doch heute ist nicht der Tag des Verstehens. Heute ist der Tag des Abschiednehmens von einem geliebten Menschen, der Ihnen Ehefrau, Mutter, Tochter, eine Freundin war. Die Verstorbene wird immer einen Platz in Ihrem Leben haben.

Geboren wurde sie am 11. Dezember 1962 in Bensberg, als einziges Kind ihrer Eltern Ursula und Peter Wesseling. Die studierte Pharmazeutin arbeitete hier in Renzdorf in der Apotheke. Zum Wesen ihres Berufes passten ihre Genauigkeit und ihr Ordnungssinn.
Im Jahr 1994 heiratete sie Ralf Reuter. Die beiden schenkten zwei Kindern das Leben: Stefanie wurde im Jahr 1999 geboren und Norbert kam 2002 zur Welt. Die Familie – das war ihr Lebensmittelpunkt. Die Kinder kamen an erster Stelle.

Hier in St. Stephanus kannten wir sie als engagiertes Gemeindemitglied; unter anderem wirkte sie im Kinderwortgottesdienstkreis mit; und auf Wunsch der Verstorbenen hat dieser Kreis auch den heutigen Gottesdienst vorbereitet.

Elke Reuter mochte es, Passagier zu sein. Früher einmal hat sie mit ihrem Mann eine Kreuzfahrt gemacht. Und für diesen Sommer war bereits eine Urlaubsreise geplant. Dann kam alles ganz anders. Der Tod fragt nicht, wann er uns passt. Er kommt, wann er will. Er hat die Verstorbene aus dieser Welt in jene andere hinübergeholt, von der wir nichts wissen, von der wir nur in Bildern des Glaubens sprechen können.
Für Menschen, die keinen Glauben haben, ist der Tod vielleicht einfach das Ende des Lebensweges. Für uns Christen ist er eine Passage, ein Durchgang, so etwas wie ein Tor. Bis zu diesem Tor wurde Elke Reuter liebevoll von ihrer Familie begleitet; auch Hospizdienste und gute Freunde standen ihr zur Seite.
Aber niemand kann einen anderen durch das Tor des Todes hindurch begleiten. Diesen Schritt muss jeder ganz allein gehen.
Doch davon sind wir Christen überzeugt, darauf gründet unser Vertrauen: Jenseits der Schwelle werden die Passagiere willkommen geheißen: Da erwartet sie Gott und nimmt sie in seine Arme. Wir glauben, dass er ein guter Gott ist, auch wenn wir ihn oft genug nicht verstehen.

Um Elke Reuter brauchen wir uns keine Sorgen mehr zu machen: Das, was unsterblich ist, das, was wir Seele nennen: das hat wohl längst seine Bestimmung erreicht. Das, was an ihr sterblich war – ihren Leichnam – werden wir gleich auf dem Friedhof bestatten. Das ist ein schwerer Gang, ein mühseliger letzter Weg. So traurig wir auch sind, wir gehen ihn nicht einsam. Wir richten uns gegenseitig auf, wir halten einander an der Hand und wir wissen uns getragen von der Zuversicht: Wir sind alle Passagiere! Wir haben ein Ziel, und das nennen wir Ewigkeit oder Himmel oder das Fest bei Gott. Davon ahnen wir einen Vorgeschmack, wenn wir Eucharistie feiern, wie wir es jetzt tun. Amen.

Die Autorinnen und Autoren der Besinnungstexte

Alain: Pseudonym von Émile-Auguste Chartier, französischer Philosoph und Schriftsteller, 1868–1951
al-Ghuzzi, Muhammad: tunesischer Dichter, geb. 1949
Ardelius, Lars: schwedischer Schriftsteller, geb. 1926
Arnim, Achim von: Schriftsteller, 1781–1831
Auden, Wystan Hugh: englischer Schriftsteller, 1907–1973
Aurelius Augustinus: Kirchenlehrer und Philosoph, 354–430
Bamm, Peter: eigentlich Curt Emmrich, Schriftsteller, 1897–1975
Bickel, Margot: Lyrikerin, geb. 1958
Bone, Heinrich: Philologe und Pädagoge, 1813–1893
Buddha: Ehrentitel (»Der Erwachte«), Religionsgründer, ca. 450 bis ca. 370 v. Chr.
Bund, Micha: Pseudonym eines zeitgenössischen Landschaftsarchitekten
Cheti: Weisheitslehrer aus dem Alten Ägypten, um 2100 v. Chr.
Chuang-tzu: chinesischer Weisheitslehrer, 4. Jahrhundert v. Chr.
Cicero, Marcus Tullius: römischer Politiker, Anwalt und Philosoph, 106–43 v. Chr.
Claudius, Matthias: Dichter und Journalist, 1740–1815
Dalí, Salvador: spanischer Künstler, 1904–1989
Dickinson, Emily: US-amerikanische Dichterin, 1830–1886
Dostojewski, Fjodor: russischer Schriftsteller, 1821–1881
Drewermann, Eugen: Theologe und Psychoanalytiker, geb. 1940
Eichendorff, Joseph von: Schriftsteller, 1788–1857
Elias, Norbert: deutsch-britischer Philosoph, 1897–1990
Erasmus von Rotterdam: niederländischer Theologe und Philosoph, 1469–1536
Fichte, Johann Gottlieb: Erzieher und Philosoph, 1762–1814
Fleck-Bohaumilitzky, Christine: Theologin und Seelsorgerin, geb. 1955
Fontane, Theodor: Schriftsteller, 1819–1898
Franz von Sales: französischer Mystiker, 1567–1622
Frisch, Max: schweizerischer Schriftsteller, 1911–1991
Gibran, Khalil: libanesisch-amerikanischer Maler, Philosoph und Dichter, 1883–1931

Gilgamesch-Epos: eine der ältesten überlieferten literarischen Dichtungen der Menschheit, um 1200 v. Chr.
Glage, Benita: Autorin, geb. 1936
Goethe, Johann Wolfgang von: Dichter, 1749–1832
Gryphius, Andreas: Dichter, 1616–1664
Hagmann, Regina: Pädagogin, geb. 1967
Haunschild, Marc Arno: Autor, geb. 1969
Heine, Heinrich: Dichter und Journalist, 1797–1856
Hiob: Weisheitsschrift der Hebräischen Bibel, etwa 5.-3. Jahrhundert v. Chr.
Hofmannsthal, Hugo von: österreichischer Schriftsteller, Dramatiker und Lyriker, 1874–1929
Holz, Arno: Dichter und Dramatiker, 1863–1929
Housman, Alfred Edward: englischer Dichter, 1859–1936
Jean Paul: eigentlich Johann Paul Friedrich Richter, deutscher Schriftsteller, 1763–1825
Jesaja: Prophet Israels, älteste Stücke aus dem 8. Jahrhundert v. Chr., viele spätere und jüngere Zusätze unter dem Namen seiner Autorenschaft
Jiménez, Juan Ramón: spanischer Schriftsteller und Literatur-Nobelpreisträger, 1881–1958
Johannes Paul II.: Papst von 1978–2005
Johannes-Offenbarung: letzte Schrift des Neuen Testaments, um 95 entstanden
Keats, John: englischer Schriftsteller, 1795–1821
Kierkegaard, Sören: dänischer Philosoph, Theologe und Schriftsteller, 1813–1855
Kohelet/Prediger Salomonis: Weisheitsschrift der hebräischen Bibel, ca. 3. Jahrhundert v. Chr.
Kratz, Eila: Psychologin und Dichterin, geb. 1939
Kübler-Ross, Elisabeth: schweizerisch-amerikanische Sterbeforscherin, 1926–2004
Landgraf, Claudine: deutsch-französische Autorin
Lewis, Clive Staples: irischer Schriftsteller und Literaturwissenschaftler, 1898–1963
Mark Aurel: römischer Kaiser und Philosoph, 121–180
Montherlant, Henry de: französischer Schriftsteller, 1895–1972
Newman, John Henry: englischer Theologe, Kardinal, 1801–1890
Paz, Octavio: mexikanischer Schriftsteller, 1914–1998
Penn, William: gründete die Kolonie Pennsylvania im Gebiet der heutigen USA, 1644–1718

Pfirschke, Rosemarie: Autorin, geb. 1937
Psalmen: Sammlung von 150 religiösen Liedern in der hebräischen Bibel, entstanden zwischen 1000 und 200 v. Chr.
Rilke, Rainer Maria: Lyriker deutscher Sprache, 1875–1926
Ringelnatz, Joachim: eigentlich Hans Gustav Bötticher, Schriftsteller und Kabarettist, 1883–1934
Römerbrief: Schrift des Neuen Testaments; verfasst von Paulus in den 50er-Jahren des 1. Jahrhunderts.
Rückert, Friedrich: Dichter, 1788–1866
Rühmann, Heinz: Schauspieler, 1902–1994
Rumi: persischer Mystiker, 1207–1273
Schiller, Friedrich von: Dichter, Dramatiker und Philosoph, 1759–1805
Schopenhauer, Arthur: Philosoph, 1788–1860
Schutz, Roger: Mönch, 1915–2005
Schweitzer, Albert: Theologe, Musiker, Arzt und Philosoph, 1875–1965
Schwikart, Georg: Schriftsteller und Publizist, geb. 1964
Seneca, Lucius Annaeus: Philosoph und Staatsmann, 4 v. Chr. – 65 n. Chr.
Serapion von Thmuis: Bischof in Ägypten, 4. Jahrhundert n. Chr.
Serna, Ramón Gómez de la: spanischer Dichter, 1888–1963
Sirach: auch: Jesus Sirach, Ben Sira oder Ecclesiasticus, ein Buch der jüdischen Weisheitsliteratur, ca. 180 v. Chr. entstanden
Sölle, Dorothee: Theologin und Dichterin, 1929–2003
Stadler, Ernst: elsässischer Lyriker, 1883–1914
Steinwede, Dietrich: Religionspädagoge und Autor, geb. 1930
Stifter, Adalbert: österreichischer Schriftsteller und Pädagoge, 1805–1868
Tagore, Rabindranath: indischer Dichter und Philosoph, 1861–1941
Tamaro, Susanna: italienische Schriftstellerin, geb. 1957
Tao-Te-King: auch: Daodejing, chinesisches Weisheitsbuch, Laotse zugeschrieben, ca. 6. Jahrhundert v. Chr.
Thurmair, Georg: Dichter und Schriftsteller, 1909–1984
Tucholsky, Kurt: Journalist und Schriftsteller, 1890–1935
Walther von der Vogelweide: Minnesänger und Spruchdichter, um1170 bis nach 1229
Wilder, Thornton Niven: US-amerikanischer Schriftsteller, 1897–1975
Ziegenhorn, Inge: Krankenschwester und Dichterin, 1931–2003

Quellennachweis

Seite 46: Khalil Gibran: Aus: Khalil Gibran, Der Prophet. Aus dem Englischen übersetzt von Karin Graf. © Patmos Verlag GmbH & Co. KG, Düsseldorf, 3. Aufl. 2009. Seite 80–82.

Seite 58: Clive Staples Lewis: Aus: C. S. Lewis, Über die Trauer. Aus dem Englischen übersetzt von Alfred Kuoni. © Patmos Verlag GmbH & Co. KG, Düsseldorf 2006. Seite 7 und Seite 37.

Seite 59: Eugen Drewermann: Aus: Eugen Drewermann, Eine Liebe stärker als der Tod, Meditationen zu Passion und Ostern. © Patmos Verlag GmbH & Co. KG, Düsseldorf 2006. Seite 59 f.

Seite 60: Regina Hagmann: Aus: Regina Hagmann, Meine Trauer werfe ich an deinen Himmel, Gedanken und Gebete. © Patmos Verlag GmbH & Co. KG, Düsseldorf 2008. Seite 12.

Seite 92: Dietrich Steinwede: Aus: Der Tod – Tor zum Leben, Ein Trostbuch. © Patmos Verlag GmbH & Co. KG, Düsseldorf 2009. Seite 26.

Seite 95: Regina Hagmann: Aus: Regina Hagmann, Meine Trauer werfe ich an deinen Himmel, Gedanken und Gebete. © Patmos Verlag GmbH & Co. KG, Düsseldorf 2008. Seite 13.

Seite 96: Regina Hagmann: Aus: Regina Hagmann, Meine Trauer werfe ich an deinen Himmel, Gedanken und Gebete. © Patmos Verlag GmbH & Co. KG, Düsseldorf 2008. Seite 37.

Seite 98: Georg Thurmair, Wir sind nur Gast auf Erden. © Verlag Herder, Freiburg.

Seite 126: Dietrich Bonhoeffer: Aus: Dietrich Bonhoeffer, Widerstand und Ergebung. Briefe und Aufzeichnungen aus der Haft. Brief vom 1. 2. 1944. © by Gütersloher Verlagshaus, Gütersloh, in der Verlagsgruppe Random House GmbH, München.